Christoph Ramstein

Handfester Glaube

Christoph Ramstein

Handfester Glaube

Eine Auswahl aus dem Evangeliums nach Lukas - ausgelegt für die Gemeinde

Fromm Verlag

Impressum/Imprint (nur für Deutschland/ only for Germany)
Bibliografische Information der Deutschen Nationalbibliothek: Die Deutsche Nationalbibliothek verzeichnet diese Publikation in der Deutschen Nationalbibliografie; detaillierte bibliografische Daten sind im Internet über http://dnb.d-nb.de abrufbar.
Alle in diesem Buch genannten Marken und Produktnamen unterliegen warenzeichen-, marken- oder patentrechtlichem Schutz bzw. sind Warenzeichen oder eingetragene Warenzeichen der jeweiligen Inhaber. Die Wiedergabe von Marken, Produktnamen, Gebrauchsnamen, Handelsnamen, Warenbezeichnungen u.s.w. in diesem Werk berechtigt auch ohne besondere Kennzeichnung nicht zu der Annahme, dass solche Namen im Sinne der Warenzeichen- und Markenschutzgesetzgebung als frei zu betrachten wären und daher von jedermann benutzt werden dürften.

Coverbild: www.ingimage.com

Contact:
International Book Market Service Ltd., 17 Rue Meldrum, Beau Bassin, 1713-01 Mauritius
Website: www.bookmarketservice.com
Email: info@bookmarketservice.com

Gedruckt in: USA, UK, Deutschland. Dieses Buch wurde nicht in Mauritius produziert.

Imprint (only for USA, GB)
Bibliographic information published by the Deutsche Nationalbibliothek: The Deutsche Nationalbibliothek lists this publication in the Deutsche Nationalbibliografie; detailed bibliographic data are available in the Internet at http://dnb.d-nb.de.
Any brand names and product names mentioned in this book are subject to trademark, brand or patent protection and are trademarks or registered trademarks of their respective holders. The use of brand names, product names, common names, trade names, product descriptions etc. even without a particular marking in this works is in no way to be construed to mean that such names may be regarded as unrestricted in respect of trademark and brand protection legislation and could thus be used by anyone.

Cover image: www.ingimage.com

Contact:
International Book Market Service Ltd., 17 Rue Meldrum, Beau Bassin, 1713-01 Mauritius
Website: www.bookmarketservice.com
Email: info@bookmarketservice.com

Printed in: U.S.A., U.K., Germany. This book was not produced in Mauritius.

ISBN: 978-3-8416-0252-7

Inhaltsverzeichnis

Vorwort

Liebe Leserin,
Lieber Leser,

der vorliegende Band mit dem Titel *Handfester Glaube* enthält einen Querschnitt von Predigten zu Texten aus dem Lukasevangelium. Der Bogen geht von Advent über Weihnachten bis zu Karfreitag und Ostern. Immer wieder begegnet uns die Frage, was Glaube ist und wie er sich konkret in unserem Leben auswirkt. In der Lektüre und Auslegung des Lukasevangeliums wird deutlich, dass die Auswirkungen des Glaubens an den gekreuzigten und auferstandenen Jesus sich im ganz Alltäglichen, in Schönem und Schwerem, in Freude und Leid, in Begegnungen und Beziehungen zeigen. Zu Recht hat dieses Evangelium den Ruf, einen sozialen Schwerpunkt zu setzen. Viele Predigten nehmen diesen Schwerpunkt auf.

Für das Lektorieren dieses Buchs danke ich Christian Egger ganz herzlich. Er hat diese Aufgabe mit Sorgfalt und Akribie wahrgenommen. Zahlreiche Verbesserungen sind die Frucht dieser Zusammenarbeit. Viele anregende Begegnungen haben sich daraus ergeben, bei denen ich von Christian und seiner Frau Karin mit Herz bewirtet wurde. Dieses Buch ist Euch beiden gewidmet - sowie Hansjörg Börlin, der kürzlich das Amt als Kassier des Vereins übernommen hat, der das Evangelische Studienhaus Meierhof führt, wofür ich ihm herzlich dankbar bin. Diese Widmung schliesst die vielen Menschen mit ein, deren Leben durch schwere Fügungen gezeichnet sind und die trotzdem weiter ihren Weg gehen – getragen von der Kraft des Gekreuzigten und Auferstandenen.

Unserem jüngsten Sohn Elias (17) danke ich sehr herzlich für sein Nachwort. Faszinierend ist sein Engagement, wenn er von einer Sache gepackt ist, sei das Becherstapeln, Tischtennis oder Tricking. Die Predigt zu Lukas 22,32 ist ihm gewidmet.

Nun wünsche ich Gottes Segen bei der Lektüre und bereichernde Einblicke ins Lukasevangelium.

Mit freundlichen Grüssen

Christoph Ramstein

Lausen, im Advent 2011

Kühne Maria

Und Maria sprach: Meine Seele erhebt den Herrn, und mein Geist freut sich Gottes, meines Heilandes; denn er hat die Niedrigkeit seiner Magd angesehen. Siehe, von nun an werden mich selig preisen alle Kindeskinder. Denn er hat große Dinge an mir getan, der da mächtig ist und dessen Name heilig ist. Und seine Barmherzigkeit währt von Geschlecht zu Geschlecht bei denen, die ihn fürchten. Er übt Gewalt mit seinem Arm und zerstreut, die hoffärtig sind in ihres Herzens Sinn. Er stößt die Gewaltigen vom Thron und erhebt die Niedrigen. Die Hungrigen füllt er mit Gütern und lässt die Reichen leer ausgehen. Er gedenkt der Barmherzigkeit und hilft seinem Diener Israel auf, wie er geredet hat zu unsern Vätern, Abraham und seinen Kindern in Ewigkeit. (Lukas 1,46-55)

Liebe Gemeinde,

es ist gar nicht bescheiden, was Maria hier ausspricht. Wir stellen uns Maria – beeinflusst von vielen künstlerischen Darstellungen - als stille, duldsame, passive, fromm-demütige Frau vor. Aber was sie hier sagt, passt überhaupt nicht zu diesem Bild. Von jetzt an werde ich Gesprächsthema sein für alle kommenden Generationen. Sie werden mich glücklich preisen. Wer von uns würde das denn von sich behaupten? Ihr Leben hat eine wichtige Bedeutung im Verlauf der Geschichte Gottes mit unserem Planeten. Da ist Maria gar nicht bescheiden. Sie spricht es aus. Und es stimmt tatsächlich. Die Mutter von Jesus wird seit bald 2000 Jahren überall dort genannt, wo das Evangelium verkündet wird. Und das geschieht ja inzwischen in unzähligen Sprachen rund um den Globus.

Wer ist diese Maria überhaupt? Wir erfahren in den Evangelien nicht sehr viel über sie. Die Informationen sind bruchstückhaft. Sie war verlobt und später verheiratet mit dem Zimmermann Josef. Sie wird mit der königlichen Davidslinie in Verbindung gebracht. Nach der Geburt Jesu flüchtete sie mit Mann und Kind nach Ägypten. Später kehrten sie zurück und liessen sich in Nazaret in Galiläa nieder. Maria hatte weitere Söhne und Töchter. Jesus war der Älteste. In der Zeit, als Jesus öffentlich auftrat, werden jeweils aus der Familie von Jesus nur noch Maria und die Geschwister erwähnt. Es ist daher anzunehmen, dass Josef inzwischen verstorben war – Maria lebte wahrscheinlich als Witwe. Wir stossen bloss noch einzelne Male auf sie: An der Hochzeit zu Kana, wo Jesus sein erstes öffentliches Wunder vollbrachte. Später dann als sie Jesus in Kapernaum besuchte und dieser seine Familienverbindung relativierte. Schliesslich treffen wir Maria wieder unter dem Kreuz. Dort überträgt Jesus seinem Jünger Johannes das Amt der Fürsorge für seine Mutter, welches dieser als Ältester wahrzunehmen hatte. In der Apostelgeschichte schliesslich gehört Maria zur ersten judenchristlichen Gemeinde in Jerusalem.

Maria gibt sich in diesem Gebet zu erkennen. Das ist nicht weiter erstaunlich. Mit jedem Gebet sagen wir immer auch etwas über uns selbst. Und das, obwohl sich Gebete an Gott richten. Trotzdem wird gerade dann, wenn wir mit unserem Leben in die Gegenwart des lebendigen Gottes treten und uns seinem Licht aussetzen, sehr viel über uns selbst deutlich. Wenn wir ihn als unseren Schöpfer bekennen, dann sagen wir damit gleichzeitig: Ich bin von Gott geschaffen, von ihm gewollt, kein Zufallsprodukt. Wenn wir zu Gott sagen: Du bist mein Licht!, oder: Du bist das Licht der Welt!, dann sagen wir damit gleichzeitig: Da ist auch eine Dunkelheit in dieser Welt – eine dunkle Seite auch in meinem eigenen Leben. Ich bin auf dieses Licht von Gott angewiesen, das unseren Weg und diese Welt erhellt. Wenn wir beim Beten zu Gott sagen: Du bist unser Retter!, dann sprechen wir damit gleichzeitig unsere Begrenzung aus: Wir Menschen sind trotz allen unseren guten Ideen, unseren politischen Ideologien, unseren Visionen und unserem Arbeitseifer nicht in der Lage, uns selbst zu retten. Oder im Bild der Münchhausen-Geschichte gesprochen: Es ist nicht möglich, dass wir uns selbst an den eigenen Haaren aus dem Sumpf ziehen.

Wo immer wir zu Gott und mit Gott reden im Gebet, da sagen wir viel über uns selbst. Darum ist es auch wichtig, auf die eigenen Worte zu hören. Wie rede ich eigentlich mit Gott? Rede ich mit ihm wie ein Kleinkind, das etwas von seinen Eltern erzwingen möchte: Lieber Gott, gib mir doch dies oder das – und wehe, Du tust es nicht! Rede ich zu Gott respektvoll oder kumpelhaft? Rede ich zu Gott wie ein mündiger Sohn, eine mündige Tochter? Unser Beten ist ein Spiegel unserer Beziehung zu Gott.

Maria spricht hier ein aufrechtes Gebet. Sie preist Gott. Sie singt ihm Lieder. Sie singt vor Freude. Ihr Singen ist keine Mühle, die sie erst mühsam andrehen muss, wie man früher Automotoren mit einer Handkurbel in Gang setzte. Es sprudelt aus ihr heraus. Was das Herz erfüllt, das kommt auch auf die Zunge. Was muss das für ein Singen sein! Wahrscheinlich ging es auch ihr nicht an jedem Tag so, dass ihr die Loblieder nur so von der Zunge flossen. Doch nun betet sie dieses Magnificat. Sie ist beflügelt von dem, was Gott in ihrem Leben getan hat – das bringt ihr Herz zum Singen und Klingen. Haben wir auch schon so gesungen? Unsere Lieder tönen ja nicht an jedem Tag – und auch nicht an jeden Sonntag – gleich. Auch die Loblieder nicht! Manchmal tönt es mager – und manchmal klingt es voll und kräftig. Das können wir nicht einfach so machen. Aber dort, wo Gott uns Herz und Mund öffnet, wo eine Botschaft aus der Bibel uns trifft und freisetzt, wo wir mit Gott und unseren Mitmenschen ins Reine kommen, da kann der Gesang verblüffend klingen.

Maria gefällt mir in ihrer Selbsteinschätzung. In menschlicher Perspektive kann sie ja nicht auftrumpfen. Sie ist einfach eine von vielen. Sie steht dazu. Es gibt Begabtere, Schönere,

Mächtigere, Gewieftere. Herodes hätte wahrscheinlich über sie gelacht. Weshalb schreibt also der lebendige Gott ausgerechnet mit dieser Frau Geschichte?

Und manchmal sind wir genau so erstaunt, wenn wir im Evangelium hören, dass jedes von uns für Gott kostbar und wertvoll ist. Denn viele von uns sind doch irgendwo im Mittelfeld anzusiedeln – fallen weder positiv noch negativ auf. Mittelmässiges Aussehen. Mittelmässige Stelle. Mittelmässige Ehe. Mittelmässige Kinder. Mittelmässiges Auto etc. Es gibt einige, die in der Bewertung besser dastehen, und manche, die schlechter abschneiden. Was soll ich denn schon Besonderes sein? Wenn ich einmal in der Zeitung erwähnt werde, dann vielleicht in einer kurzen Meldung. Wenn ich am Engadiner Skimarathon mitlaufe, dann lande ich auf Platz 2458. Ich schaffe es auf kein Titelblatt der *Schweizer Illustrierten* und erscheine trotz allen Castingshows nicht im Fernsehen.

Bei Maria entdecken wir aber eine Würde, die Gott jedem Menschen durch die Schöpfung verliehen hat – auch Dir und mir. Unser Wert hängt nicht in erster Linie an unserem Erfolg, unserem Aussehen, unserem Gehalt und auch nicht daran, was andere über uns sagen. Alle diese Dinge sind ja, das wissen wir, sehr wechselhaft und unbeständig. Wir sind aus dem Grund wertvoll, weil wir Gottes Geschöpfe sind. Deshalb ist es ja auch dermassen verhängnisvoll, wenn so viele heute ihren Wert über Leistung, Arbeit, Erfolg und Anerkennung definieren. Alle diese Dinge sind nicht zu verachten. Aber sie taugen nicht als Grundlage unseres Lebens. Es ist gefährlich, die eigene Würde von den ungeschriebenen und wechselhaften Idealen unserer Gesellschaft her abzuleiten. Der lebendige Gott gibt Dir Deinen Wert. Du bist wertvoll in seinen Augen. Ihm musst Du nichts beweisen. Seine Wertschätzung ist unabhängig von Deiner Tagesform, unabhängig von der weltweiten Börsenentwicklung.

Weshalb eigentlich gerade diese Maria? Warum macht Gott mit dieser Frau Geschichte? Ich weiss es nicht. Vielleicht hat es damit zu tun, dass Gott immer wieder mit Leuten seine Geschichte schreibt, die wir sicher nicht ausgewählt hätten. Oder? Hätten wir Abraham ausgewählt, der in einer brenzligen Situation seine Frau als seine Schwester ausgab? Hätten wir Jakob ausgewählt, der mit der Wahrheit seine liebe Mühe hatte und dem Gott erst das Schwindeln mit langem, hartem Training abgewöhnen musste? Hätten wir Mose berufen, der mit dem öffentlichen Reden Mühe hatte, um das Volk Israel durch die Wüste zu führen? Hätten wir Petrus, Johannes und Jakobus, die rauen Fischer vom See Genezareth beauftragt, die kostbare Botschaft des Evangeliums in alle Himmelsrichtungen zu verbreiten? Hätten wir geahnt, dass Gott den ehemaligen Christenverfolger Saulus zum Gründer von christlichen Gemeinde und zum Missionar machen würde? Gott wählt anders, als wir das tun würden. Bei Maria ist es auch so.

Maria ist wertvoll in Gottes Augen, bevor sie etws tut. Ihr wird eine Stellung unter uns Menschen eingeräumt, die nicht auf Qualitäten beruht, die sie vorweisen könnte. Es ist Gottes freie Wahl. Gott hat sich dazu entschlossen. Diese Frau soll als einzige in der ganzen Geschichte die Mutter des Erlösers werden. Deshalb sagt Maria auch: Gott hat Grosses an mir getan. Dieses Tun Gottes macht sie zum Gesprächsstoff für alle folgenden Generationen.

Auch im zweiten Teil ihres Lobpreises wagt Maria kühne Sätze. Da handelt Gott anders, als es uns vorstellen: Gott schickt die Reichen mit leeren Händen weg. Man muss diesen Satz einmal in aller Ruhe hören und ihn nicht kurzschlüssig mit anderen Bibelstellen platt walzen. Im weltweiten Vergleich gehören bei uns fast alle zu den ganz Reichen.

Maria redet hier von einer ganz anderen Wertung. Diese Wertung wird nicht von den Grossen, Mächtigen, Stolzen und Reichen vorgenommen. Diese Wertung nimmt der lebendige Gott selbst vor – und diese Wertung ist matchentscheidend. Bei ihm gelten ganz andere Massstäbe: Reichtum, Grösse, Einfluss und Macht werden in Gottes Reich anders bestimmt. Wer von euch an der Spitze stehen will, soll sich allen unterordnen. Sammelt keine Reichtümer hier auf der Erde. Denn ihr müsst damit rechnen, dass Motten und Rost sie auffressen oder Einbrecher sie stehlen. Sammelt lieber Reichtümer bei Gott.

Diese Massstäbe durchzusetzen – wirklich in den Herzen dauerhaft durchzusetzen, geschieht nicht von selbst. Dazu braucht es einen Eingriff von Gott. Deshalb steht ja auch hier: Nun hebt er seinen gewaltigen Arm. Gott macht sich auf zum Handeln. Er hat ein Herz für die Hungrigen. Ihnen gibt er reichlich zu essen. Es ist kaum zufällig, dass Jesus dieses Speisen der Hungrigen auf die Traktandenliste seiner Jünger gesetzt hat. Wir lesen in Matthäus 25: Was ihr für einen meiner geringsten Brüder und Schwestern getan habt, das habt ihr mir getan. Er hat ein Herz für die Unterdrückten. Was tut er? Er richtet sie auf. Wenn wir das Wort Unterdrückte hören, dann denken wir zu Recht an politischen Druck und psychischen Terror. Aber naheliegend sind auch Gedanken an Mitmenschen, die unter Depressionen leiden. Wer an einer depressiven Verstimmung oder unter einer schweren Depression leidet, der steht auch unter Druck. Da ist der Dienst des Aufrichtens gefragt. Wenn Gott sich diesen Dienst auf die Fahne schreibt, dann gibt er uns hier ein Wink. Natürlich, es ist kein leichter Dienst, der hier angesagt ist. Wer auf schnelle Erfolge aus ist, wird bald aufgeben.

Dieses Tun Gottes – dass er Stolze hinwegfegt, Mächtige stürzt, Reiche leer ausgehen lässt und auf der anderen Seite Hungrige speist und Unterdrückte aufrichtet – dieses Tun Gottes sehen wir erst bruchstückhaft. Wir bekommen damit einen Vorgeschmack auf das Kommende. Gott nimmt aber in der christlichen Gemeinde immer wieder dieses Kommende vorweg. Die geringsten Glieder sind die ganz wichtigen. Oder wie es Paulus provokativ an die

Christen in Korinth geschrieben hat: Schaut doch euch selbst an, Brüder! Wen hat Gott denn da berufen? Kaum einer von euch ist ein gebildeter, ein mächtiger oder gar ein angesehener Mann. Gott hat sich vielmehr die Einfältigen und Machtlosen ausgesucht, um die Klugen und Mächtigen zu demütigen. Er hat sich die Geringen und Verachteten ausgesucht, die in den Augen der Welt nichts gelten, denn er wollte die zunichte machen, die vor den Menschen etwas sind. Niemand soll vor Gott mit irgendetwas auftrumpfen können.

Liebe Gemeinde,
wenn wir diesen Lobpreis der Maria heute hören, so sind wir gefragt: Wie gehen wir mit den Geringen um? Behandeln wir sie mit der gleichen Würde, die Gott ihnen schenkt?

AMEN!

Euch!

Es begab sich aber zu der Zeit, dass ein Gebot von dem Kaiser Augustus ausging, dass alle Welt geschätzt würde. Und diese Schätzung war die allererste und geschah zur Zeit, da Quirinius Statthalter in Syrien war. Und jedermann ging, dass er sich schätzen ließe, ein jeder in seine Stadt. Da machte sich auf auch Josef aus Galiläa, aus der Stadt Nazareth, in das jüdische Land zur Stadt Davids, die da heißt Bethlehem, weil er aus dem Hause und Geschlechte Davids war, damit er sich schätzen ließe mit Maria, seinem vertrauten Weibe; die war schwanger. Und als sie dort waren, kam die Zeit, dass sie gebären sollte. Und sie gebar ihren ersten Sohn und wickelte ihn in Windeln und legte ihn in eine Krippe; denn sie hatten sonst keinen Raum in der Herberge. Und es waren Hirten in derselben Gegend auf dem Felde bei den Hürden, die hüteten des Nachts ihre Herde. Und der Engel des Herrn trat zu ihnen, und die Klarheit des Herrn leuchtete um sie; und sie fürchteten sich sehr. Und der Engel sprach zu ihnen: Fürchtet euch nicht! Siehe, ich verkündige euch große Freude, die allem Volk widerfahren wird; denn euch ist heute der Heiland geboren, welcher ist Christus, der Herr, in der Stadt Davids. (Lukas 2,1-11)

Liebe Gemeinde,

Retter? Ja, es gab schon immer Retter! Polizisten, die durch geduldiges Zureden Lebensmüde von Hochhäusern und Brückenpfeilern retteten. Rettungsschwimmer, die sich in die Fluten warfen, um so Ertrinkende zu retten. Feuerwehrleute, die Kinder aus brennenden Häusern holten und eingeklemmte Verletzte aus Unfallautos heraus schweissten. Laut einer aktuellen Umfrage geniessen Feuerwehrleute das höchste berufliche Ansehen. Andere Rettungsleute bargen auf abenteuerliche Art und Weise Snowboarder und Skifahrer aus stehen gebliebenen Gondeln und Sesselliften – die Zeitschrift *Beobachter* schrieb kürzlich zu diesem Thema unter dem weihnächtlichen Titel: „Die Retter kommen vom Himmel." Und die Rettungsflugwacht rettete schon viele Bergsteiger aus Felswänden.

Retter? Es gibt sie auch, wo es nicht um Leben und Tod, sondern um Spiel und sportliche Ehre geht. Zum Beispiel retten die Fussballer Lionel Messi und Cristiano Ronaldo durch späte Tore ihre Mannschaft vor einer Niederlage und werden deshalb als Retter des Tages bezeichnet. Neue Trainer retten vor dem Abstieg – oder beflügeln einfach ihre Mannschaft mit neuem Schwung.

Retter? Selten bin ich in den letzten Jahren so oft dem Wort Retter begegnet wie 2009! Wenn so viel verlorengeht wie aufgrund der Finanzkrise der letzten beiden Jahre, dann hält man Ausschau nach Rettung. Abu Dhabi als Retter für Börsen und Grössenwahn war da zu lesen.

Oder: Der Staat als Retter in der Not. Die milliardenschweren Rettungspakete sind dabei im Blick, obwohl nach wie vor unklar ist, ob die Hilfe definitiv greift und die Rettung auch wirklich funktioniert. Auch einzelne Politiker werden zu Rettern hochstilisiert. Barack Obama rettete am Thanksgiving Day einen Truthahn vor dem Kochtopf. Später im selben Jahr rettete er die Klimakonferenz in Kopenhagen – oder je nach Interpretation auch nicht! Er hätte den Klimagipfel retten können, aber er tat es nicht!, schrieb beispielsweise der deutsche Journalist Steffen Klatt aus Kopenhagen. Wie gesagt: Retter haben Hochkonjunktur!

Retter? Ja, in unserem Weihnachtsevangelium treten auch Retter auf. Da ist zuerst einer, von dem wir es gar nicht erwarten würden: Augustus, damals der mächtigste Mann der Welt, römischer Kaiser. So mächtig wie heute vielleicht Barack Obama und Hu Jintao zusammen. Er wurde im römischen Reich als Retter (sotär) angesprochen und verehrt. Seine Zeit ging – im Grossen und Ganzen – als Friedenszeit („pax romana") und Blütezeit in die Geschichtsbücher ein.
Dieser Augustus gibt einen Befehl aus. Der Evangelist Lukas berichtet in der Weihnachtsgeschichte, dass er eine Liste erstellen will – eine Steuerliste. Er will seine Untertanen numerisch erfassen und einschätzen. Übrigens: Korrekte Steuerlisten scheinen heute genauso begehrt wie damals. Die USA, Frankreich und Italien sind an Steuerlisten sehr interessiert, vor allem auch, wenn ihre Bürger Konten auf Schweizer Banken haben!

Augustus braucht Steuern. Ohne Steuern funktioniert auch sein Staat nicht. Augustus! Ich nenne ihn: den Retter mit der Liste. Niemand soll übersehen werden. Die Liste soll vollständig sein. Egal, wie es den Leuten gerade geht. Egal, ob schwanger oder alt oder krank. Egal, ob es den Einzelnen nun passt oder nicht. Sie müssen an ihren Herkunftsort, um dort erfasst zu werden. Die Liste muss sein. Die Menschen müssen spuren. Auch die schwangere Maria und ihr Mann Josef.

Euch ist heute der Retter (=Heiland) geboren! Damit ist im Weihnachtsevangelium aber nicht etwa Augustus gemeint, sondern Jesus, der als kleines Kind zur Welt kommt. Diese Nacht ist seine Nacht – die Christnacht. Das ist der Retter, den die Bibel meint. Das ist der Retter, den wir heute feiern. Ein Retter von ganz anderem Zuschnitt als Augustus. Euch ist heute der Retter (griechisch sotär) geboren. Gott selbst ist dieser Retter. Gott selbst, der Schöpfer des Universums, der als kleines Kind zu uns Menschen kommt. Gott kommt auf überraschend andere Art und Weise. Gott kommt klein und leise. „Dein König kommt in niederen Hüllen" – heisst es darüber in einem alten Weihnachtslied. Euch ist heute der Retter geboren. Der Retter der Welt kommt nicht auf dem hohen Ross, sondern als kleines Kind. Er beginnt seinen Weg so, wie wir alle begonnen haben: Als kleines Kind.

Die Engel geben den erstaunten Hirten ein doppeltes Erkennungszeichen für den Retter der Welt: Windeln und Futterkrippe. Ein in Windeln gewickeltes Kind – das hätte auf uns alle zugetroffen. Auch wir haben alle in Windeln angefangen. Nichts Aussergewöhnliches, sondern ganz normal! Der Retter der Welt ist einer wie wir! Doch das zweite Erkennungszeichen ist überraschend: Der Retter der Welt, das Kind in Windeln, liegt in einer Futterkrippe. Wir lagen in Stubenwagen und Kinderbetten – er in einer Futterkrippe.

Euch ist heute der Retter geboren! – das ist die Botschaft der Engel an die Hirten: Euch! Das überrascht. Hirten standen damals am Rand der Gesellschaft. Im Berufsranking waren sie auf den hintersten Plätzen zu finden. Es waren nicht die grossen Leute, nicht die VIPs, nicht die Schönen und Reichen in Glanz und Gloria, nicht die Stars und Sternchen. Die Geburt des Retters wird diesen Hirten angekündigt: Euch – liebe Hirten bei der Nachtschicht auf dem Feld – Euch ist heute der Retter geboren!

Hirten? Wir sind aber keine Hirten! Und doch sind wir manchmal Hirten. Überall da, wo wir Verantwortung übernehmen für andere. Da, wo uns Menschen anvertraut sind in Familie und Beruf. Da, wo wir eine kleine oder grosse Gruppe leiten. Da, wo wir vorne hin stehen müssen. Da sind wir – in übertragenem Sinne – Hirten.

Liebe Gemeinde,

Euch ist heute der Retter geboren! Euch! Wir stehen mit den Hirten an der Krippe mit dem Kind in Windeln. Das ist der Retter der Welt. Das mutet uns das Weihnachtsevangelium zu, dass wir zusammen mit den Hirten da hin stehen und staunen: Dieses kleine Jesus-Kind in der Krippe ist der Retter der Welt! Das sollen wir mit ihnen hören: Euch gilt das! Dir und mir! Dieses Geschehen geht uns alle gemeinsam und jeden Menschen persönlich an – meint Dich und mich und die ganze Welt! Euch ist heute der Retter geboren! Die Engel loben Gott dafür. Die Hirten gehen hin und sehen selbst – und sie stimmen ein in das Lob der Engel. Stimmen auch wir ein ins Lob der Engel, ins Lob der Hirten? Mir gefallen diese Weihnachts-Bilder von Gerard van Honthorst, Lorenzo Lotto und Guido Reni. Das Kind in der Krippe. Immer ist die Krippe im Licht. Manchmal sind wir unsicher und müssen genau hinschauen: Fällt Licht auf die Krippe? Oder geht das Licht vom Kind in der Krippe aus? Wenn wir an das Wort Jesu denken, der von sich sagt: Ich bin das Licht der Welt – dann können wir verstehen, dass einzelne Künstler eben das Gewohnte umkehren und das kleine Jesus-Kind zur Lichtquelle in ihrem Bild machen!

Noch ein Detail: Lorenzo Lotto hat in sein Bild bereits das Kreuz integriert. Theologisch ein Volltreffer, denn das gehört zusammen. Das Kind in der Krippe ist der Mann am Kreuz und der Auferstandene vom Ostermorgen. Weihnachten, Karfreitag und Ostern gehören zusammen. Gott kommt zu uns als kleines Kind, geht selber in Schmerz und Tod hinein, sprengt die Fesseln des Todes und öffnet die Tore zum ewigen Leben. Das ist der Retter. Das ist der, von dem die Engel sagen: Euch ist heute der Retter geboren! Euch! Hören wir das? Nehmen wir es an? Vertrauen wir diesem Retter?

AMEN!

Windeln

Und der Engel sprach zu ihnen: Fürchtet euch nicht! Siehe, ich verkündige euch große Freude, die allem Volk widerfahren wird; denn euch ist heute der Heiland geboren, welcher ist Christus, der Herr, in der Stadt Davids. Und das habt zum Zeichen: Ihr werdet finden das Kind in Windeln gewickelt und in einer Krippe liegen. Und alsbald war da bei dem Engel die Menge der himmlischen Heerscharen, die lobten Gott und sprachen: Ehre sei Gott in der Höhe und Friede auf Erden bei den Menschen seines Wohlgefallens. (Lukas 2,10-14)

Liebe Gemeinde!

Ich muss bei diesen Sätzen der Engel aus der Weihnachtsgeschichte immer ein wenig schmunzeln. Wie bitte? Was ist das Zeichen, an dem die Hirten den Retter der Welt, den Heiland erkennen sollen? Ja, richtig: Windeln! Der Gott-mit-uns ist ein Buschi in Windeln! Er unterscheidet darin nicht von anderen kleinen Kindern, die frisch zur Welt gekommen sind. Er wird ganz einer von uns und beginnt dort, wo wir alle angefangen haben: als Kinder in Windeln.

Das ist mehr als Zufall. Das hat System bei Gott. Meine Gedanken sind nicht Eure Gedanken, und eure Wege nicht meine Wege. So hat es Gott seinem Volk im Buch des Propheten Jesaja ausrichten lassen. Gott kommt zu uns, aber er kommt ganz anders als wir das planen würden. Er ist Gott und doch wird er in Jesus einer von uns Menschen. Er ist so gross, dass ihn das Universum nicht fassen kann – und doch wird er so klein wie ein Kind. Er könnte einen fulminanten Auftritt arrangieren – und doch kommt er auf leisen Sohlen.

Aber es gibt schon Zeichen, die sein Kommen begleiten. Da sind die Engel, die den Hirten bei Bethlehem die frohe Botschaft vom neugeborenen Kind bringen. Da ist der Stern von Bethlehem, über den noch am Samstag in der Basler Zeitung gerätselt wurde, der die Weisen und Gelehrten aus dem Orient auf eine lange Reise lockt. Und da ist eben das Zeichen, das die Engel den Hirten gegeben haben: Ein Baby in Windeln – in einer Futterkrippe. Der König der Welt wird in einem Stall geboren, in Windeln gewickelt und in die Futterkrippe der Tiere gelegt? Ja genau, so berichtet es der Historiker und Evangelist Lukas. Ich stelle mir die Futterkrippe ziemlich ungemütlich vor. Es hätte sicher angenehmere Orte als den Stall gegeben und angenehmere Wiegen als die Futterkrippe. Aber Gott wählt diesen Weg.

Der Befehl des Augustus zur Erstellung von Steuerlisten, die beschwerliche Reise von Maria und Josef trotz Schwangerschaft, das unscheinbare Bethlehem mit vielleicht zweihundert bis dreihundert Einwohnern, die Unterkunft im Stall, die Futterkrippe als Wiege, die armseligen

Hirten als erste Gratulanten ... Alles das bestätigt uns: Gott hat einen Weg der Niedrigkeit eingeschlagen, um zu uns Menschen zu kommen. Er ist sich nicht zu gut, sich ganz auf uns Menschen einzulassen und unsere schwierigen Wege mitzugehen. „Dein König kommt in niedern Hüllen."

Die Eltern von Jesus waren sicher aufgeschlossen für Geschenke zur Geburt des Neugeborenen. Doch die Hirten waren wie Josef und Maria selbst arm, so dass sie ohne Geschenke bei der Krippe ankamen. Mit leeren Händen standen sie da und staunten über das Wunder Gottes.

Wenn dem aber so ist, weshalb machen wir denn eigentlich Geschenke zum Weihnachtsfest? Sicher, ich gönne es allen Kindern und Erwachsenen, die zum Fest heute oder morgen Geschenke bekommen. Aber was haben die Geschenke eigentlich mit Jesus und mit dem Weihnachtsfest zu tun? Hat da nicht das üppig wuchernde Brauchtum des Nikolaus, der jeweils bei Nacht Geschenke an arme Leute verteilt haben soll (so sagt es zumindest die Legende über ihn), auf das Weihnachtsfest abgefärbt?

Nach dem Verständnis des Evangeliums ist Jesus selbst das grösste Geschenk dieses Fests. Deshalb feiern wir ja überhaupt. Gott selbst hat uns Menschen alle reich beschenkt, indem Jesus zu uns kam. Wenn wir seine Worte, seine Taten, sein Leben und Sterben betrachten und bewegen, dann sehen wir Gott selbst am Werk. Wir ertappen ihn sozusagen auf frischer Tat. Kein anderes Geschenk kommt an dieses Geschenk von Gott selbst heran!

Und dann gibt es ja noch die Geschichte von den drei Weisen aus dem Orient. Da, in dieser Geschichte, kommen tatsächlich Geschenke vor. Endlich haben wir in der Bibel doch noch etwas über Geschenke an Weihnachten entdeckt. Doch Vorsicht! Das Christkind bringt nicht Geschenke – sondern es ist genau umgekehrt: Es *erhält* Geschenke! Die Weisen beschenken Jesus. Sie machen ihm teure Geschenke: Gold, Weihrauch und Myrrhe. Das waren damals echte Kostbarkeiten, geeignet als Geschenke für einen König.

Jesus bekommt Geschenke. Das würde aber heissen, dass das Weihnachtsfest uns dazu einlädt, mit den Weisen zu Jesus zu kommen, ihn anzubeten und ihm Geschenke zu bereiten. Doch was könnten wir Jesus, dem König, schenken, um den es bei diesem Fest geht? Wie könnte ein wertvolles Geschenk für ihn aussehen? Was kann ich, was kannst Du Jesus schenken? Knifflige Fragen!

Ich stelle mir das so vor: Das grösste Geschenk, das wir geben können, sind wir selbst. Wir können ihm unser Vertrauen schenken. Das wäre ein Weihnachtsgeschenk! Und die anderen

Geschenke an Weihnachten? Vielleicht sind die Geschenke, die wir einander machen, einfach ein kleines Zeichen für das unendlich viel grössere Geschenk, das Gott uns Menschen an Weihnachten gemacht hat.

AMEN!

Die Netze auswerfen

Es begab sich aber, als sich die Menge zu ihm drängte, um das Wort Gottes zu hören, da stand er am See Genezareth und sah zwei Boote am Ufer liegen; die Fischer aber waren ausgestiegen und wuschen ihre Netze. Da stieg er in eines der Boote, das Simon gehörte, und bat ihn, ein wenig vom Land wegzufahren. Und er setzte sich und lehrte die Menge vom Boot aus. Und als er aufgehört hatte zu reden, sprach er zu Simon: Fahre hinaus, wo es tief ist, und werft eure Netze zum Fang aus! Und Simon antwortete und sprach: Meister, wir haben die ganze Nacht gearbeitet und nichts gefangen; aber auf dein Wort will ich die Netze auswerfen. Und als sie das taten, fingen sie eine große Menge Fische und ihre Netze begannen zu reißen. Und sie winkten ihren Gefährten, die im andern Boot waren, sie sollten kommen und mit ihnen ziehen. Und sie kamen und füllten beide Boote voll, sodass sie fast sanken. Als das Simon Petrus sah, fiel er Jesus zu Füßen und sprach: Herr, geh weg von mir! Ich bin ein sündiger Mensch. Denn ein Schrecken hatte ihn erfasst und alle, die bei ihm waren, über diesen Fang, den sie miteinander getan hatten, ebenso auch Jakobus und Johannes, die Söhne des Zebedäus, Simons Gefährten. Und Jesus sprach zu Simon: Fürchte dich nicht! Von nun an wirst du Menschen fangen. Und sie brachten die Boote ans Land und verließen alles und folgten ihm nach. (Lukas 5,1-11)

Liebe Gemeinde!

Der See Genezareth im Norden von Israel, die zwei Schiffe im Sand, die vier Fischer mit ihren Netzen – das ist die Kulisse unserer Geschichte aus dem Evangelium. Doch im Kern geht es darum, dass Jesus kommt. Er begegnet diesen vier Fischern. Er begegnet ihnen mitten in ihrer Arbeit, mitten in ihrem Beruf, mitten in ihrem Alltag. Simon Petrus, Andreas, Jakobus und Johannes sind gerade an einer Routinearbeit. Sie säubern die Netze. Immer das Gleiche. Nach jeder Ausfahrt. Eintönig – vielleicht sogar langweilig. Und da begegnet ihnen Jesus. Was wir in dieser Erzählung entdecken – und was das für uns bedeuten könnte – möchte ich in fünf Aspekten entfalten:

Der kleine Gefallen
Die Begegnung von Simon Petrus mit Jesus beginnt sehr unscheinbar. Jesus bittet ihn um einen kleinen Gefallen. Weil so viele Leute da sind und Jesus zu ihnen sprechen möchte, braucht er aus diesem Grund einen geeigneten Platz – als Rednerpult sozusagen. Das Boot von Petrus wäre genau das Richtige. Wenn er damit etwas vom Ufer entfernt ist und die Uferpartie sich wie ein Amphitheater um ihn rundet, dann sind die akustischen Bedingungen optimal. Gefragt – getan. Petrus stellt ihm sein Boot zur Verfügung. So schlicht beginnt die Begegnung mit Jesus, die sein ganzes weiteres Leben prägen wird. Das ist die Erfahrung der

Jünger und die Erfahrung unzähliger Christinnen und Christen seither: Jesus beginnt mit dem wenigen, das wir haben - das wir ihm zur Verfügung stellen. Aber er macht viel daraus! Bei Petrus war es sein Boot, das er Jesus vorübergehend zur Verfügung stellte. Bei uns kann es etwas anderes sein, das mit unserem Alltag, mit unserer Arbeit, mit unserem Besitz zu tun hat. Stelle Jesus das Wenige, das Unscheinbare, das Unspektakuläre – im Bild gesprochen Dein Boot - zur Verfügung! Und lass Dich überraschen, was dann geschieht.

Der überraschende Auftrag

Jesus geht einen Schritt weiter. Dem kleinen, zeitlich befristeten Gefallen folgt ein überraschender Auftrag: Simon Petrus soll in einem zweiten Schritt Jesus nicht einfach passiv etwas zur Verfügung stellen. Er soll jetzt selber aktiv werden, etwas tun.

Der überraschende Auftrag von Jesus ist einerseits ganz normal, andererseits steht er aber auch total quer in der Landschaft. Normal ist fast alles: Das Hinausfahren auf den See, das Auswerfen der Netze, das Warten, das Einziehen der Netze, die Fahrt ans Ufer, das Ausladen, das Reinigen der Netze. In diesem Sinne ist der Auftrag von Jesus etwas, das Petrus einwandfrei beherrscht. Er kennt alle nötigen Handgriffe. Schliesslich ist er ein erfahrener Fischer.

Doch ein Element im Auftrag von Jesus widerspricht der Erfahrung von Fischern diametral. Der Zeitpunkt für diesen Fischfang ist total daneben. Wenn Petrus das tut, dann macht er sich vor seinen Kollegen lächerlich. „Was, der ist um diese Zeit zum Fischen hinausgefahren? Der muss ja verrückt sein! Was ist denn mit dem los?“ Petrus kennt diese Einwände sehr genau. Und er spricht sie auch aus. Er nennt seine Bedenken beim Namen. Die muss er vor Jesus nicht verstecken oder unterdrücken. Er ist direkt, er sagt seine Meinung: Dieser Fischzug am helllichten Tag kann gar nicht funktionieren!

Diese Mischung von normal und aussergewöhnlich ist bezeichnend für Jüngerschaft damals und Christsein seither! Wer der Spur von Jesus folgt, macht ohne Zweifel viele ganz normale Erfahrungen. Aber gleichzeitig führt Jesus uns immer wieder über das Gewohnte, Vertraute, Abgesicherte hinaus. Er sucht diesen zweiten Schritt: Dass wir aktiv etwas für ihn tun und zwar deshalb, weil er die Anweisung dazu gegeben hat. So können wir unser Vertrauen zu ihm ausdrücken. Das hat Jesus den Menschen damals zugemutet. Das mutet auch uns zu.

Der logische Einwand

Simon Petrus ist ja nicht auf den Kopf gefallen. Er hat logische Einwände und er nennt diese beim Namen. Er hat ja erst gerade eine ganze Nacht gefischt – und es war ein totaler Reinfall. Und jetzt macht Jesus diesen Vorschlag mit dem Fischfang zur falschen Zeit. Petrus unterdrückt nicht seine inneren Widerstände. Er spricht offen aus, dass sein Verstand jetzt quersteht! Und Jesus erträgt das gelassen. Petrus wird nicht gedeckelt. Nein! Er darf offen aussprechen, was er denkt. In christlichen Gruppen und Kirchen sollte das nicht anders sein. Aber: Petrus wird nie erfahren, ob am Vorschlag von Jesus wirklich etwas dran ist, wenn er nicht einsteigt, hinausfährt und die Netze auswirft. Petrus hat zwar seine Einwände ausgepackt, doch dann spricht er Jesus sein Vertrauen aus: Aber auf Dein Wort, HERR ... Nur deswegen tut er es: Weil es eine Anweisung von Jesus ist!

Ja! Ich habe Einwände. Ich habe Fragen. Ich habe innere Widerstände. Aber weil Jesus es sagt, probiere und wage ich es. Auch wir kennen viele Einwände, wenn es darum geht, die Weisung von Jesus zu umschiffen. Doch werden wir nur erfahren, ob etwas an diesen Worten und Taten, am Leben und Sterben von Jesus dran ist, wenn wir uns darauf einlassen und etwas auf sein Wort hin wagen. Werden wir Jesu Worte höher schätzen als unsere tausend Einwände? Dazu macht uns diese Geschichte Mut!

Der grosse Fang und der kalte Schrecken

Sie machen also den grossen Fang draussen auf dem See. Einen Mordsfang – und das zu einer Zeit, zu der es auf dem See Genezareth gar nichts zu fischen gibt! Doch wie geht es Petrus jetzt? Ist er begeistert? Springt er herum? Flippt er aus? Singt er Loblieder?

Das wäre alles denkbar. Doch seine Reaktion macht mich nachdenklich in einer Zeit, in der auch viele Christinnen und Christen erwarten, dass sich das Leben mit Gott in einer Art permanenter Matchstimmung abspielt. Hier haben wir Petrus vor uns. Er macht diesen Riesenfang – und es überfällt ihn ein heiliger Schauer. Er wird nicht laut, sondern leise. Er wird nachdenklich. Er sieht sein Leben plötzlich in einem hellen Licht. Er erkennt schlagartig: Dieser Jesus und ich – das kann doch nicht gehen! Der heilige Gott und ich mit meinen Grenzen, mit meinem Versagen – wie können wir zusammenkommen? Wie soll das gehen?

Jetzt, wo er Jesus vor sich hat, bekommt Simon Petrus einen unbestechlichen Eindruck davon, wie es wirklich um ihn bestellt ist. Er hat sein Leben im Spiegel gesehen. Er reagiert instinktiv richtig. „Ich passe nicht zu Jesus. Da ist zu viel, was in meinem Leben dem entgegensteht, was Gott will." Ich meine, dass dies ein Markenzeichen des Christseins überhaupt ist. Christinnen und Christen sind nicht Menschen, die alles verstanden haben, alles über Gott und die Welt wissen und dazu auch noch keine Fehler machen. Simon Petrus ist der lebendige Beweis dafür, dass dies nicht zutrifft. Wir sind Menschen, die von Gott angenommen sind – nicht aufgrund von eigenem Verdienst, sondern weil Gottes Gnade grösser ist als all unser Versagen und all unsere Schuld. Christinnen und Christen sind Menschen, die mit Jesus unterwegs sind. Nicht perfekt. Aber bereit, Fehler vor Gott und

Menschen einzugestehen - im Wissen, dass wir alle auf die Vergebung und Versöhnungsbereitschaft unserer Mitmenschen angewiesen sind. Das ist natürlich kein Freipass für Schweinereien in Worten und Taten. Aber es holt den perfekt, idealen – und nicht existierenden! – Christen vom Sockel. Wir sind *not perfect – just forgiven*! Nicht perfekt sind wir – aber wir leben aus der Vergebung.

Bei Petrus verknüpfen sich zwei Erfahrungen untrennbar miteinander: Er ist in Jesus Gottes Heiligkeit und Unbestechlichkeit begegnet – und gleichzeitig hat er wie in einem Spiegel sein eigenes Leben ungeschminkt gesehen. Das eine ist nicht ohne das andere zu haben. Er hat auch das Schiefe und Zerbrochene und Kranke und Eklige in seinem Leben gesehen. Gott, geh von mir weg! Doch Gott geht eben gerade nicht weg. In Jesus wendet er sich uns Menschen zu! Petrus wird nicht weggestossen, sondern angenommen und aufgenommen.

Durch die Jahrhunderte haben viele Menschen ähnliche Stationen in der Begegnung mit Gott durchlaufen. Zuerst die Zeit, in der wir in uns gehen. Dann der Moment, wenn wir am Tiefpunkt ankommen. Ein Gespräch, bei dem uns die Vergangenheit einholt. Versagen, das uns deutlich vor Augen steht. Ausreden, von denen uns klar wird, dass sie nichts taugen. Und dann der Neuanfang. Gott, der uns durch Jesus Christus gerade an den Tiefpunkten unseres Lebens begegnet: Im Scheitern, in Krankheit, im Kreuz, das wir zu tragen haben. Gerade dort wirkt seine Hilfe, trägt sein Trost und greift seine Vergebung.

Die neue Aufgabe

Jesus sprach zu Simon: Fürchte Dich nicht! Denn von nun an wirst Du Menschen fischen. Und sie steuerten die Schiffe an Land und verliessen alles und folgten ihm nach. Das ist die neue Aufgabe von Petrus: Menschen fischen. Auch hier stossen wir wieder auf diese eigentümliche Mischung. Jesus knüpft beim Fischen an – was Petrus bestens kennt – und geht gleichzeitig einen Schritt über das Gewohnte und Vertraute hinaus. Nicht einfach fischen, sondern Menschen fischen! Blenden wir zurück: Zuerst bittet Jesus den Petrus um einen temporären Gefallen. Dann schlägt er ein konkretes Tun vor, das Petrus gehörig herausfordert. Und am Ende der Geschichte geht es um viel mehr – es geht um sein ganzes weiteres Leben! Fast unheimlich, diese schrittweise Steigerung hin zum Kulminationspunkt.

Nachfolge Jesu mit dem ganzen Leben. Das ist viel mehr als ein temporärer Gefallen. Das ist auch viel mehr als eine zeitlich begrenzte Tat. Jesus ruft Petrus in seine Nachfolge, die sein ganzes weiteres Leben umfasst. Mir gefällt, wie Jesus diesen Ruf äussert. Er redet ja zu einem Fischer. So wie er sich bisher als Berufsmann eingesetzt hat, so soll er jetzt für Gott und sein Reich wirken.

Mir ist bewusst, dass dieses Jesus-Wort vom Menschen fischen heute provozierend klingt. Aber ich gebe Folgendes zu bedenken: Wenn ich sehe, was uns täglich auf medialen Kanälen entgegen kommt, dann bin ich der festen Überzeugung: Da wird kräftig gefischt – zum Teil offensichtlich – zum Teil verdeckt. Die Frage ist weniger, ob gefischt wird, sondern vielmehr, von wem und mit welchem Ziel! Jesus Christus möchte Menschen gewinnen, die ihm nachfolgen und auf ihn hören. Menschen, die ihr Leben für Gott und ihre Mitmenschen einzusetzen. Das beginnt oft unscheinbar: mit einem Gefallen, mit einer aktiven Tat. Doch wenn wir diesen Ruf Jesu hören und ihm folgen, wird es viel mehr als das: Jesu Worte und Taten, sein Leben und Sterben werden unser weiteres Leben prägen und bestimmen.

AMEN!

Viel Liebe

Es bat ihn aber einer der Pharisäer, bei ihm zu essen. Und er ging hinein in das Haus des Pharisäers und setzte sich zu Tisch. Und siehe, eine Frau war in der Stadt, die war eine Sünderin. Als die vernahm, dass er zu Tisch saß im Haus des Pharisäers, brachte sie ein Glas mit Salböl und trat von hinten zu seinen Füßen, weinte und fing an, seine Füße mit Tränen zu benetzen und mit den Haaren ihres Hauptes zu trocknen, und küsste seine Füße und salbte sie mit Salböl. Als aber das der Pharisäer sah, der ihn eingeladen hatte, sprach er bei sich selbst und sagte: Wenn dieser ein Prophet wäre, so wüsste er, wer und was für eine Frau das ist, die ihn anrührt; denn sie ist eine Sünderin. Jesus antwortete und sprach zu ihm: Simon, ich habe dir etwas zu sagen. Er aber sprach: Meister, sag es! Ein Gläubiger hatte zwei Schuldner. Einer war fünfhundert Silbergroschen schuldig, der andere fünfzig. Da sie aber nicht bezahlen konnten, schenkte er's beiden. Wer von ihnen wird ihn am meisten lieben? Simon antwortete und sprach: Ich denke, der, dem er am meisten geschenkt hat. Er aber sprach zu ihm: Du hast recht geurteilt. Und er wandte sich zu der Frau und sprach zu Simon: Siehst du diese Frau? Ich bin in dein Haus gekommen; du hast mir kein Wasser für meine Füße gegeben; diese aber hat meine Füße mit Tränen benetzt und mit ihren Haaren getrocknet. Du hast mir keinen Kuss gegeben; diese aber hat, seit ich hereingekommen bin, nicht abgelassen, meine Füße zu küssen. Du hast mein Haupt nicht mit Öl gesalbt; sie aber hat meine Füße mit Salböl gesalbt. Deshalb sage ich dir: Ihre vielen Sünden sind vergeben, denn sie hat viel Liebe gezeigt; wem aber wenig vergeben wird, der liebt wenig. Und er sprach zu ihr: Dir sind deine Sünden vergeben. Da fingen die an, die mit zu Tisch saßen, und sprachen bei sich selbst: Wer ist dieser, der auch die Sünden vergibt? Er aber sprach zu der Frau: Dein Glaube hat dir geholfen; geh hin in Frieden! (Lukas 7,36-50)

Liebe Gemeinde,

kennen wir auch solche Menschen – vielleicht hier in unserem Dorf? Männer und Frauen, denen ins Gesicht geschrieben steht, was in ihrem Leben gelaufen und auch was schief gelaufen ist? Menschen, die man leicht einordnen und etikettieren und damit abschreiben kann: Randständig, süchtig, steinreich, abgestürzt, ausgesteuert…

Aber nun geschieht in unserer Geschichte das Skandalöse. Diese Frau betritt das Haus eines frommen Mannes, eines Pharisäers mit Namen Simon - eines Mannes also, der Lebensprinzipien hat, die er aus der Bibel herleitet. Der gerecht und dem göttlichen Willen entsprechend leben möchte. Man muss sich nur das Gerede vorstellen, das da entsteht. Eine Prostituierte im Haus des frommen Simon! Stadtgespräch!

Es ist klar: In unserer Geschichte prallen zwei Welten aufeinander. Welten, die sich vertragen wie Feuer und Wasser. Aber nicht nur der Ruf von Simon war in Gefahr. Jesus war bei ihm zu Gast. Dieser, der im Ruf stand, ein Freund der Zöllner und Sünder zu sein. Und einmal mehr wird dieser Ruf bestätigt. Die Frau steuert direkt auf Jesus zu und er lässt es geschehen. Sie nimmt ein kleines Fläschchen Salböl – nur für teures Geld war das zu haben. Jesus lässt es geschehen. Sie berührt Jesus: Ihre Tränen fallen auf seine Füsse – ihr Haar dient als Frotteetuch – sie küsst seine Füsse. Jesus lässt all dies geschehen. Er kennt keine Berührungsängste!

Wie würden wir darauf reagieren, wenn sich diese Szene in unserem Haus abspielen würde? Der Pharisäer Simon ist, wir ahnen es, nicht begeistert. Im Gegenteil. Da hat er doch Jesus für einen Rabbi, möglicherweise sogar für einen Propheten gehalten. Und jetzt scheint Jesus nicht einmal zu bemerken, was das für eine Frau ist, die ihn da berührt – obwohl das doch offensichtlich ist. Seine Achtung für Jesus gerät in Schieflage, sinkt in den Keller. Jeder müsste doch realisieren, was hier abläuft.

Doch Simon täuscht sich. Jesus durchschaut ganz genau, was hier abläuft. Er weiss, wer diese Frau ist und was sie zu ihm führt. Er lässt sich nicht blenden durch die ungewöhnliche Form ihrer Wertschätzung. Jesus sieht, was dahinter steht. Und was jetzt im Inneren von Simon abgeht. Er kennt seine Gedanken – er durchschaut auch ihn.

Nun wendet sich der Gast seinem Gastgeber zu, der mit den Geschehnissen in seinem Haus überhaupt nicht klarkommt. Das ist für mich etwas vom Faszinierendsten an dieser Geschichte: Jesus geht auf beide zu. Er zeigt eine grosse Liebe und Respekt – sowohl für die Frau als auch gleichzeitig für den Pharisäer. Beide sind ihm wertvoll und wichtig. Das zeigt sich darin, dass er die Einladung ins Haus des Pharisäers Simon angenommen hat – er hätte sie ja auch ablehnen können. Und das zeigt sich auch darin, dass er die Verehrung dieser Frau annimmt – auch wenn sie ganz und gar aussergewöhnlich ist

Er gibt also beiden ihre Würde und ihr Recht – auch dem Pharisäer. Er holt ihn mit einer kleinen Geschichte ab: Zwei Menschen stehen in der Kreide bei einem Bankier – der eine ist hoch verschuldet, der andere mit einem geringen Betrag. Beide können ihre Schuld nicht zurück zahlen. Der Bankier erweist sich als besonderes Wesen seiner Gattung. Er presst die beiden nicht aus, sondern er erlässt beiden den geschuldeten Betrag.

Ganz offensichtlich ist die Botschaft an die Adresse von Simon: Diese Frau hat bildlich gesprochen Schulden bei Gott – einen stattlichen Betrag. Du, Simon, hast auch Schulden bei Gott – einzig der Betrag ist geringer. Aber: Ihr beide könnt diese Schuld nicht begleichen. Ihr sitzt beide im selben Boot. Du, Simon, stehst auch bei Gott in der Kreide. Du bist genau so unfähig zur Rückzahlung wie diese Frau. Das ist ein ziemlich ernüchternder Bescheid für Simon. Er strengt sich ja an! Er setzt sich für Gott und dessen Gerechtigkeit ein! Er nimmt sich Zeit, um die Bibel zu lesen und möchte das Gelesene im Alltag umsetzen. Ist das denn alles nichts wert?

Es kommt noch dicker für Simon: Jesus vergleicht das Verhalten von Simon als Gastgeber mit dem Verhalten der Frau als Eindringling. Zur Gastfreundschaft gehörten damals mehrere Dinge:

Wasser für die Füsse: Die Füsse waren meist staubig und schmutzig vom Gehen in den Sandalen oder vom barfuss Gehen. Es war eine Wohltat, sie zu waschen. Der gute Gastgeber stellte seinen Gästen eigens Wasser dafür bereit. Simon hatte diese Wohltat unterlassen.
Kuss: Ein Kuss zur Begrüssung war schon damals ein Zeichen von Verbundenheit und Wertschätzung, ein Zeichen der Herzlichkeit. Simon hatte diese Geste unterlassen.
Öl für das Gesicht: Die Haut im Gesicht trocknete aus. Sie musste deshalb gepflegt und erfrischt werden. Dazu diente Öl – „Salböl“ – heute wäre das ein Gesichtslotion oder eine Hautcreme. Simon hatte kein Öl bereitgestellt.
Zwischenfrage: Wie zeigen wir Gästen gegenüber unsere Wertschätzung? Wie erweisen wir Gästen in unserer Kirche unsere Wertschätzung?

Eines wird deutlich: Simon schneidet als Gastgeber schlecht ab. Kein Wasser – kein Kuss – kein Öl. Darin widerspiegelt sich Unsicherheit. Vielleicht war er einfach unsicher, wie nahe er diesen Jesus an sich heran lassen wollte. Wahrscheinlich hat er sich bereits stark exponiert, als er Jesus zu sich einlud. Doch der Empfang im Haus fiel für damalige Verhältnisse kühl aus.

Aber Simon wird von Jesus deshalb nicht im Regen stehen gelassen. Jesus respektiert diese Distanz, die Simon einnimmt. Und Jesus erweist auch ihm gegenüber Wertschätzung und Liebe. Im Gleichnis redet er ja davon, dass Gott beiden die Schuld erlässt – der Frau und dem Pharisäer. Auch Simon steht unter der Zusage der Vergebung und des Neuanfangs. Aber wie könnte denn sein Neuanfang aussehen? Er könnte doch anerkennen, dass er vor Gott nicht besser oder schlechter dasteht als diese Frau. Er könnte sich darüber freuen, dass Gott auch ihm seine Schuld erlassen hat, auch wenn diese weniger spektakulär ist. Und er könnte sich einfach darüber freuen, dass diese Frau in ihrem Leben einen Neuanfang wagt – und dass dieses gewaltige Geschehen erst noch in seinem Haus seinen Anfang nimmt.

Simon, akzeptierst du diese Frau als Teil des Gottesvolks, als deine Schwester, als Tochter Gottes? Eine harte Frage, mit der auch jede christliche Gemeinde konfrontiert ist. Auch da gibt es ja solche, die haben sich um Lektüre der Bibel und um Gebet bemüht. Recht so! Sie sind vielleicht von klein auf mit biblischen Geschichten und christlichen Werten vertraut. Recht so! Sie haben es im schlimmsten Fall zu Parkbussen und kleineren Umweltsünden gebracht, stehen in bürgerlichen Ehren und sind als rechtschaffene Leute bekannt. Recht so! Doch da gibt es andere, die ebenfalls zur christlichen Gemeinde gehören. Die sind in den Augen der Rechtschaffenen, der Frommen, der Bürgerlichen und der Braven gescheitert. Bei Jesus und gerade durch Jesus bekommen sie genauso eine Chance. Sie kommen aus chaotischen Beziehungen. Sie tun sich schwer im Umgang mit Geld. Sie kennen Scheidungsänwälte, Gerichtstermine und Gefängniszellen ...

Auf welcher Seite siehst du dich? Stehst du näher bei der Frau – oder näher beim Pharisäer? Im Evangelium von Jesus Christus spricht Gott beiden Heil und Vergebung zu: Den Braven, Frommen und Rechtschaffenen und den Ausgeflippten, Abgestürzten und Aussteigern. Beide finden sich deshalb auch in der christlichen Gemeinde! Wie gehen wir nun damit um? Nehmen wir die auf der anderen Seite an?

Mich fasziniert die Verschiedenheit dieser beiden. Der Pharisäer lädt ein, die Frau kommt gerade selbst. Der Pharisäer wirkt eher kühl, die Frau ehrt Jesus sehr gefühlvoll. Der Pharisäer hält sichere Distanz, die Frau geht ganz nahe zu Jesus hin. Der Pharisäer ist interessiert an einer Begegnung mit Jesus im Lehrgespräch, die Frau berührt Jesus mit den Händen. Der Pharisäer spricht mit Jesus, die Frau sagt kein Wort. Der Pharisäer ist stark in der verbalen, die Frau hingegen in der nonverbalen Kommunikation.

Wie unterschiedlich! Jesu Liebe zu beiden zeigt sich darin, dass er auf beide persönlich eingeht und sie dort abholt, wo sie sind! Das ist Liebe, wie auch wir sie zu lernen haben. Liebe, welche die Menschen dort abholt, wo sie sind – und nicht dort, wo wir sie haben möchten!

Diese Geschichte ist ja eine Art Bekehrungsgeschichte. Aber sie geht quer zu allen möglichen Schemata, die wir aufrichten. Die Frau sagt ja gar nichts: Kein Schuldbekenntnis, kein Hingabegebet, keine vier geistlichen Gesetze, keine Diskussion. Das alles kann für andere wichtig und richtig sein. Aber ihre Umkehr, ihre Hinwendung zu Gott ist so einzigartig wie sie selbst. Sie trägt ihre Handschrift. Sie ist nicht kopiert, sondern echt und original! Die Hauptsache ist eben nicht die äussere Form der Hinwendung zu Jesus – diese kann laut oder leise, trocken oder gefühlvoll sein. Jesus lädt die Menschen in seine Nähe ein, aber er schaltet uns nicht gleich. Hauptsache, wir wenden uns ihm zu – so wie wir sind.

AMEN!

Die Aufgabe

Er rief aber die Zwölf zusammen und gab ihnen Gewalt und Macht über alle bösen Geister und dass sie Krankheiten heilen konnten und sandte sie aus, zu predigen das Reich Gottes und die Kranken zu heilen. Und er sprach zu ihnen: Ihr sollt nichts mit auf den Weg nehmen, weder Stab noch Tasche noch Brot noch Geld; es soll auch einer nicht zwei Hemden haben. Und wenn ihr in ein Haus geht, dann bleibt dort, bis ihr weiterzieht. Und wenn sie euch nicht aufnehmen, dann geht fort aus dieser Stadt und schüttelt den Staub von euren Füßen zu einem Zeugnis gegen sie. Und sie gingen hinaus und zogen von Dorf zu Dorf, predigten das Evangelium und machten gesund an allen Orten. (Lukas 9,1-6)

Liebe Gemeinde,

unser Wort aus dem Evangelium hört sich nicht nur radikal an – es ist radikal. Vielleicht spricht ja Gott auch zu uns ein radikales Wort am Anfang dieses neuen Jahres. Fünf Aspekte fallen hier auf, die uns herausfordern:

Zum Ersten: Wir tun viele Dinge. Aber in wessen Namen tun wir sie? Tun wir sie in unserem eigenen Namen? Oder im Namen von anderen Menschen? Oder im Namen von Gott? Wir reden vieles. Aber in wessen Namen reden wir? Wir brauchen viel Kraft für unser Leben. Aber woher nehmen wir diese Kraft?

Da ist zuerst einmal Jesus. Um ihn geht es. Um ihn sammeln sich die Jünger und später dann die christlichen Gemeinden. Wenn es eine Mitte des christlichen Glaubens gibt, dann hat sie einen Namen: den Namen Jesu Christi. Er ruft die zwölf Jünger zusammen – er sammelt sie. Aber nicht zum Selbstzweck. Sie sollen es nicht einfach schön und nett haben miteinander. Nein! Jesus ruft sie - zum Dienst. Aber zuerst wird die Basis für diesen Dienst gelegt. Jesus verleiht die Kraft dazu. Die Jünger von Jesus sollen nicht in ihrem eigenen Namen auftreten, sie sollen nicht sich selber ins Rampenlicht stellen. Da ist Jesus. Er ist derjenige, der ihnen überhaupt Kraft und Vollmacht gibt. Wo Menschen diese Kraft erfahren und diese Vollmacht verspüren, da werden sie auf den Namen hinweisen, der ihnen Kraftquelle und Lebenssinn ist: Jesus. Für das Jahr, das vor uns liegt, stehen wir unter der Zusage Jesu – als Einzelne und als Gruppen – als ganze Gemeinde: Ich gebe euch Kraft – lebt aus meiner Kraft – vertraut meiner Kraft!

Zum Zweiten: Diese Kraft ist zweckbestimmt. Jesus sendet seine Jünger mit einem doppelten Auftrag aus – und für eben diesen Auftrag gibt er seine Kraft und Vollmacht. Sein Auftrag umfasst Reden und Handeln. Die Jünger sollen Gottes Herrschaft verkünden. Sie sollen

Menschen in den verschiedensten Dörfern sagen: Gott ist hier unter euch. Er kümmert sich um euch. Woran ihr leidet, ist ihm nicht egal. Gott ist heute, hier und jetzt am Werk. Vertraut ihm! Verkündigung gehört mit zu ihrem Auftrag: Gottes Taten sollen sie verkündigen. Ansagen, dass er heute lebt und dass er mit seinem Plan ans Ziel kommt. Laut aussprechen, dass Gott es mit uns Menschen zu tun haben will.

Und neben diese verbale Botschaft tritt nun noch eine zweite. Es ist die Sprache der Tat, welche die Botschaft bekräftigt. Dasselbe wird noch einmal mit Taten ausgedrückt. Deshalb werden sich die Jünger unweigerlich mit den Nöten der Menschen abgeben. Das ist ganz normal und natürlich. Sind wir so kompliziert – oder ist das Evangelium dermassen einfach? Oder beides zusammen? Bei uns im Herzen Europas habe ich den Eindruck, dass wir diese Dinge, die untrennbar zusammen gehören, weit auseinander dividieren: Verkündigung und Heilung, Verkündigung und praktische Hilfe. Mir scheint, dass wir Jesu doppelten Auftrag wieder ganz neu hören müssen. Er umfasst Wort und Tat. Er umfasst Verkündigung und Hilfe. Es ist ein Christentum, wo Worte und Taten zu einer Einheit verschmelzen. Jesus hat es vorgelebt. Ich bin der festen Überzeugung, dass das Christsein in unserer Gesellschaft wieder an Glaubwürdigkeit zunimmt, wenn wir Christen beides wiedergewinnen: Worte, die Christus ehren, Gottes Herrschaft über die Menschen proklamieren und sie in dieses Kraftfeld hinein stellen. Taten, die Gottes liebevolle Fürsorge um die Menschen zum Ausdruck bringen. Ich meine, dass es sekundär ist, ob Heilung mit ärztlicher Hilfe oder betenden Händen oder mit beidem gewonnen wird. Es geht darum, dass wir uns um die Nöte unserer Mitmenschen kümmern, dass wir uns auf sie einlassen. Natürlich können wir uns nicht als Einzelne um die Nöte der ganzen Welt kümmern. Aber wir können Zeichen setzen, indem wir uns um einen Menschen bemühen. Wer ist dieser eine Mensch, den Gott Deiner Fürsorge anvertraut hat?

Zum Dritten: Wir sind es gewohnt, eine Sache mit viel Aufwand in Angriff zu nehmen. Wir wollen die richtigen Methoden lernen. Wir wollen abgesichert sein. Jesus rät hier seinen Jüngern sicher nicht Dilettantismus, aber er erleichtert ihr Gepäck. Er fordert kein umständliches Instrumentarium für diese Aufgabe, kein bestimmtes Ausbildungszertifikat, keinen Rhetorik-Kurs, kein Heilungsseminar…! Wer sich auf dieses Wort einlässt, der entdeckt etwas, was uns sicherheitsbedürftige Europäer tief verunsichern kann. Jesus rät, mit leeren Händen zu den Menschen zu gehen. Er rät allen Ernstes, vermeintliche Sicherheiten preiszugeben. Mit leeren Händen – wie schwer tun wir uns doch damit. Das ist das Wagnis, das Jesus seinen Jüngerinnen und Jüngern zumutet. Mit leeren Händen zu unseren Nachbarn, Freunden, Angehörigen, Notleidenden, Satten gehen. Solche leeren Hände lassen sich gut falten zum Gebet. Diese leeren Hände können gut anpacken, wo es nötig ist. Diese leeren Hände können segnen, sie können trösten. So – mit Wort und Tat können wir das Evangelium von Jesus Christus teilen. Vielleicht lehrt uns Gott im neuen Jahr dieses Eine: Es zu wagen, den leisen Impulsen in diese Richtung zu folgen – gerade dann, wenn wir den Eindruck haben: Ich habe nichts zu bringen. Das sind manchmal die Gelegenheiten, in denen uns Gott auf überrachende Weise beschenkt.

Zum Vierten: Offene Türen. Die zwölf Jünger , die sich dieser doppelten Unsicherheit aussetzten – um eben diesen doppelten Auftrag der Verkündigung und Heilung auszuführen – sie waren auf offene Türen angewiesen. Sicher erlebten sie beides: Offene und auch geschlossene Türen. Für Christen sind das die Signale: Die offene Türe lädt zum Verweilen ein, zum Knüpfen einer Beziehung, zum Gespräch in Küche oder Wohnzimmer. Wo sind die Menschen, die Dir eine offene Tür, ein offenes Haus, ein offenes Herz schenken? Die Dir ihre Nöte schildern? Die Dir ihr Herz ausschütten? Die sich Dir anvertrauen? Die Dir Fragen stellen, mit denen sie ringen? Das sind Signale Gottes zum Verweilen! Ob wir sie beachten? Ob wir uns Zeit nehmen? Das Neue Jahr ist eine Einladung, durch offene Türen einzutreten!

Zum Fünften: Die Botschaft ist einfach. Die Jünger tun, was Jesus sie zu tun heisst. Sie haben seine Worte, seine Instruktionen gehört. Fünf Verse berichten davon. Und nun setzen sie genau das in die Praxis um. Wir lesen keine Klage über ungünstige Voraussetzungen, über die Verschlossenheit der Menschen, über die eigene Unfähigkeit, über die Schwierigkeit des Auftrags. Es wird auch nicht über die Existenz oder die Nicht-Existenz von bösen Geistern debattiert. Wie befreiend! Die Jünger vertrauen Jesus, vertrauen seiner Kraft, vertrauen seinem Auftrag – und gehorchen einfach. Wie befreiend! Gott lädt uns als Einzelne, als Gruppen und als Gemeinde dazu ein, dass wir uns auf den Weg machen:

Wir wollen uns auf den Weg machen und darauf vertrauen, dass Jesus uns die Kraft gibt, ihn mit Worten und mit Taten zu bezeugen. Wir wollen uns auf den Weg machen und es wagen, mit leeren Händen zu unseren Mitmenschen zu gehen, ihnen zu helfen und mit ihnen das Evangelium zu teilen. Wir wollen uns auf den Weg machen und offene Türen als Signale Gottes empfangen, mit Menschen unser Leben, unser Herz und unseren Glauben zu teilen.
Möge unser Gott es schenken, dass wir uns in diese Richtung auf den Weg machen.

AMEN!

Mit den Augen des Herzens sehen

Und siehe, da stand ein Schriftgelehrter auf, versuchte ihn und sprach: Meister, was muss ich tun, dass ich das ewige Leben ererbe? Er aber sprach zu ihm: Was steht im Gesetz geschrieben? Was liest du? Er antwortete und sprach: »Du sollst den Herrn, deinen Gott, lieben von ganzem Herzen, von ganzer Seele, von allen Kräften und von ganzem Gemüt, und deinen Nächsten wie dich selbst«. Er aber sprach zu ihm: Du hast recht geantwortet; tu das, so wirst du leben. Er aber wollte sich selbst rechtfertigen und sprach zu Jesus: Wer ist denn mein Nächster? Da antwortete Jesus und sprach: Es war ein Mensch, der ging von Jerusalem hinab nach Jericho und fiel unter die Räuber; die zogen ihn aus und schlugen ihn und machten sich davon und ließen ihn halb tot liegen. Es traf sich aber, dass ein Priester dieselbe Strasse hinab zog; und als er ihn sah, ging er vorüber. Desgleichen auch ein Levit: Als er zu der Stelle kam und ihn sah, ging er vorüber. Ein Samariter aber, der auf der Reise war, kam dahin; und als er ihn sah, jammerte es ihn; und er ging zu ihm, goss Öl und Wein auf seine Wunden und verband sie ihm, hob ihn auf sein Tier und brachte ihn in eine Herberge und pflegte ihn. Am nächsten Tag zog er zwei Silbergroschen heraus, gab sie dem Wirt und sprach: Pflege ihn; und wenn du mehr ausgibst, will ich dir's bezahlen, wenn ich wiederkomme. Wer von diesen dreien, meinst du, ist der Nächste gewesen dem, der unter die Räuber gefallen war? Er sprach: Der die Barmherzigkeit an ihm tat. Da sprach Jesus zu ihm: So geh hin und tu desgleichen! (Lukas 10,25-37)

Liebe Gemeinde!

Der barmherzige Samariter: Spitäler wurden nach ihm benannt. Samaritervereine tragen seinen Namen. Es gibt sogar ein Gesetz (das sogenannte *Good Samaritan Law*), das diejenigen vor Forderungen schützt, die in beschriebener Art Hilfe leisten. Der barmherzige Samariter - eine der bekanntesten Geschichten der Bibel überhaupt, die doch – wenn wir sie genauer betrachten – mehrere Überraschungen enthält.

Überraschung Nummer 1: Jesus beantwortet keine der beiden Fragen, die ihm hier gestellt werden

In unserer Geschichte kommt ein Gesetzeskundiger auf Jesus zu und stellt ihm zwei Fragen. Die erste Frage: Meister, was muss ich tun, um das ewige Leben zu bekommen. Die zweite Frage: Wer ist mein Nächster? Eigenartig - auf beide Fragen bekommt er von Jesus keine Antwort! Jesus kehrt den Spiess um. Der Frager wird zum Gefragten. Es gibt keine Antwort auf dem Serviertablett, die das eigene Denken erspart. Sein Gegenüber weiss bestens Bescheid und kennt die im damaligen Judentum allgemein anerkannte und korrekte Antwort auf die erste Frage. Jesus lässt ihn selbst die Antwort geben, weil er sie bereits bestens kennt!

Doch der Gesetzeslehrer nimmt einen zweiten Anlauf: Wer ist denn nun mein Nächster, mein Mitmensch, den ich lieben soll – wie es das Gebot sagt, über das wir uns ja einig sind? Wiederum läuft fast die gleiche Sequenz ab: Frage – Gegenfrage von Jesus – Antwort des Fragers – Jesu Aufforderung zum entsprechenden Tun.

Überraschung Nummer 2: Jesus erzählt in dieser Geschichte, wie sowohl der professionelle Gottesdiener als auch der ehrenamtliche Gottesdiener den Verletzten zwar sehen, aber dennoch vorbeigehen.

Das ist das Ärgerliche und Anstössige an dieser Geschichte. Jerusalem und Jericho liegen ja nicht weit voneinander entfernt - knapp 30 km sind es. Schauplatz ist die gleichermassen berühmte und berüchtigte Wüstenstrasse, die mit ihren zerklüfteten Felsen, ihren Wadis und Höhlen gute Versteckmöglichkeiten bietet. Deshalb war dieser Weg durch die judäische Wüste hinab nach Jericho bis in die jüngere Gegenwart ein beliebter Ort für Wegelagerer und Räuberbanden. Einem arabischen Sprichwort zufolge reist man „bekleidet hinunter nach Jericho und kehrt nackt zurück".

Es kann jeden treffen, der diesen Weg wählt. Die Räuber haben wieder zugeschlagen und ein unschuldiges Opfer liegt verletzt auf dem Weg. Alle drei Reisenden, die diese Stelle passieren, sehen die gleiche Situation. Doch die ersten beiden gehen weiter, ohne zu helfen. Gottes offizielles Bodenpersonal – professionell und ehrenamtlich – versagt. Weder beim einen noch beim anderen mündet seine Beteiligung am Gottesdienst im Tempel automatisch in konkrete Hilfeleistung gegenüber dem Verletzten.

Viele von uns könnten Situationen schildern, in denen Gottes Bodenpersonal versagt hat. Das ist für Jesus keine Überraschung. Der Umgang mit Gott, mit seinem Wort, mit seiner Weisung ist keine Garantie dafür, dass wir im entscheidenden Moment das tun, was Gott will: Das Naheliegende, das Selbstverständliche, das zutiefst Menschliche. Auch wir selbst haben schon versagt, haben Gelegenheiten zur Hilfe verpasst, die Gott uns buchstäblich in den Weg gelegt hat. Auch wir haben schon gesehen - und sind trotzdem weitergegangen!

Überraschung Nummer 3: Jesus präsentiert als Lösung keinen jüdischen Laien, sondern einen Samariter.

Es ist ein gewaltiges Ärgernis, das Jesus seinen damaligen Zuhörern zumutet. Anhand eines kleinen Details wird man sich dessen bewusst: Der Gesetzeslehrer vermeidet es tunlichst, das Wort Samariter auch nur in den Mund zu nehmen! Als Jesus ihn fragt, wer denn nun am Überfallenen als Mitmensch gehandelt hat, antwortet dieser: Der ihm geholfen hat. Er hätte ja einfach sagen können: der Samariter! Doch genau das vermeidet er unter allen Umständen. Nicht ein jüdischer Laie, nicht ein gesetzestreuer Jude aus dem Volk ist es, der sich richtig verhält, sondern ein Samariter. Ausgerechnet ein Samariter! Einer von ausserhalb des Gottesvolks zeigt den Gottesfreunden den Weg! Das hat Jesus als Möglichkeit erwähnt und wir sollten nicht zu stolz sein, das auch so zu akzeptieren. Vielleicht haben wir ja auch schon erlebt: Jemand, von dem wir es nie erwartet hätten, ohne christlichen Hintergrund, verhält sich in einer schwierigen Situation vorbildlich und tut genau das Richtige! Zeigt Liebe und Erbarmen! Handelt mit Kopf, Herz und Hand! Ein Mensch, von dem wir es nie erwartet hätten.

Überraschung Nummer 4: Jesus schildert die Hilfe des Samariters als vorbildlich - aber diese Hilfe ist weder extrem noch unrealistisch.

Die Hilfe des Samariters ist handfest und praktisch. Sie ist direkte Hilfe. Sie ist erste Hilfe. Sie ist spontane Hilfe. Sie ist aber auch begrenzte Hilfe! Sein Einsatz hat ihn Zeit und Kraft und Geld gekostet. Aber: Der Samariter bricht weder seine Reise ab, noch ändert er die Reiseroute. Seine direkte Hilfeleistung ist auf diesen einen Tag begrenzt. Am nächsten Tag zieht er weiter. Er geht seinen Geschäften nach, die er sich vorgenommen hatte. Er gibt dem Wirt zwei Silberstücke, was damals zwei Tageslöhnen entspricht. Der Wirt wird so für die Pflege entschädigt! Der Samariter hat sich selbst nicht aufgegeben, er hat seinen Beruf nicht aufgegeben, er hat seine Ziele nicht aufgegeben. Und trotzdem hat er im kritischen Moment richtig gehandelt und entscheidend geholfen. Die Hilfeleistung wird sehr nüchtern beschrieben: Wundpflege, Verband, Transport – zuletzt die saubere Übergabe des Verletzten. Nichts Verrücktes – und auch nichts Unmögliches!

Eine Schlüsselstelle – eine entscheidende Weichenstellung in dieser Geschichte ist das Sehen. Priester, Levit, Samariter – sie alle gehen den gleichen Weg. Sie alle sehen den Verletzten. Aber in den Worten des Kleinen Prinzen zeigt sich der Unterschied: Man sieht nur mit dem Herzen gut. Der Samariter sieht mit dem Herzen. Und weil er so hinsieht, hat er Erbarmen. Er geht nahe heran. Das Erbarmen wird konkret: Er wäscht die Wunden aus und verbindet sie. (Damit geht er ein erhebliches Risiko ein, weil Banden damals immer wieder präparierte Opfer als Lockvögel einsetzten, um ahnungslose Helfer zu überfallen!) Er hebt den Verletzten aufs Tier und bringt ihn in die Herberge. Er pflegt ihn zunächst persönlich und sorgt dann mit zwei Silberstücken für eine vernünftige Fortsetzung der Betreuung.

Jesus selbst hat mit seinem Leben und Sterben dieses Sehen mit dem Herzen vorgelebt. Von ihm können wir Barmherzigkeit lernen. Mit ihm können wir diese Haltung vertiefen. Er sieht weit mehr, als man beim flüchtigen Hinschauen sieht. Er erfasst das Zerbrochene und Verwundete. Sehen wir auch so wie er? Sehen wir die Menschen, denen wir begegnen, mit den Augen des Herzens? Haben wir unseren Blick frei, den einen Mitmenschen zu sehen, den Gott uns in dieser Woche am Montag, am Dienstag, am Mittwoch in den Weg stellt oder legt?

Oder sind wir so beschäftigt, so abgelenkt durch das Vielerlei unseres eigenen Lebens, dass wir es uns gar nicht leisten können, länger hinzuschauen?

Vor einigen Jahren wurde an der amerikanischen Princeton University ein eindrückliches Experiment durchgeführt. Die beiden Psychologen John Darley und Daniel Batson arrangierten die Situation unserer biblischen Geschichte und setzten als „Versuchskaninchen" (Probanden) Studierende der Theologie ein. Diese bekamen einzeln den Auftrag, eine kurze Ansprache über ein biblisches Thema vorzubereiten, und dann hinüberzugehen in ein anderes Gebäude, um dort diese Ansprache zu halten. Auf dem Weg lag ein präparierter Verletzter mit geschlossenen Augen, der hustete und stöhnte. Wer würde anhalten und helfen? Das Thema der Ansprache wurde variiert – einzelne erhielten als Thema für die Ansprache gar die Geschichte vom barmherzigen Samariter. Dann wurde ein Teil der Studierenden mit den Worten auf den Weg geschickt: „Oh, sie sind spät. Die Ansprache hätte schon vor ein paar Minuten beginnen sollen. Wir sollten uns beeilen." Zu anderen sagten sie: „Es geht noch ein paar Minuten bis die Experten bereit sind für ihre Ansprache, aber sie können jetzt schon hinübergehen." Erstaunlich war das Ergebnis dieses Experiments. Von den „Gejagten" hielten nur 10 Prozent, um zu helfen. Von denen, die wussten, dass sie noch einige Minuten Zeit hatten, hielten 63 Prozent, um zu helfen.

Die Hilfsbereitschaft hatte damit zu tun, ob sie in Eile waren oder nicht. Dieses Experiment macht nachdenklich. Nachdenklich deshalb, weil unser modernes und postmodernes Leben ja von einem ungeheuren Tempo gekennzeichnet ist. Wir reden davon, dass wir noch schnell etwas tun. Wir reden davon, dass wir in Eile sind. Wir hetzen von A nach B und anschliessend von B nach C. Wir haben Stress mit dem Vielerlei von Pflichten und Aufgaben. Auf allen Kommunikationskanälen kommen Mitteilungen und Informationen zu uns. Es fällt uns nicht leicht, die Prioritäten richtig zu setzen. Das Evangelium stellt uns die Frage: Gehst Du als Gehetzter und Gejagter an dem einen Menschen vorbei, der Deine Hilfe braucht? Dieses Experiment zeigt eindrücklich: Stress hemmt und hindert das Sehen mit dem Herzen und mindert das Erbarmen! Eile schränkt unsere Möglichkeiten, eine Situation wirklich zu erfassen und angemessen zu reagieren, empfindlich ein.

Liebe Gemeinde,

eine neue Woche liegt vor uns. Sie bietet von Gott gegebene Möglichkeiten, um mit offenen Augen und mit Barmherzigkeit diesen einen Menschen zu sehen, dem ich zum Nächsten werden kann, indem ich spontan und direkt und konkret helfe. Möge Gott es uns schenken, dass wir mit dem Herzen sehen, dass wir diese Gelegenheiten erkennen und sie beim Schopf packen! Jesus spricht: Selig sind die Barmherzigen, denn sie werden Barmherzigkeit erlangen. (Matthäus 5,7)

AMEN!

Du Narr!

Es sprach aber einer aus dem Volk zu ihm: Meister, sage meinem Bruder, dass er mit mir das Erbe teile. Er aber sprach zu ihm: Mensch, wer hat mich zum Richter oder Erbschlichter über euch gesetzt? Und er sprach zu ihnen: Seht zu und hütet euch vor aller Habgier; denn niemand lebt davon, dass er viele Güter hat. Und er sagte ihnen ein Gleichnis und sprach: Es war ein reicher Mensch, dessen Feld hatte gut getragen. Und er dachte bei sich selbst und sprach: Was soll ich tun? Ich habe nichts, wohin ich meine Früchte sammle. Und sprach: Das will ich tun: Ich will meine Scheunen abbrechen und größere bauen und will darin sammeln all mein Korn und meine Vorräte und will sagen zu meiner Seele: Liebe Seele, du hast einen großen Vorrat für viele Jahre; habe nun Ruhe, iss, trink und habe guten Mut! Aber Gott sprach zu ihm: Du Narr! Diese Nacht wird man deine Seele von dir fordern; und wem wird dann gehören, was du angehäuft hast? So geht es dem, der sich Schätze sammelt und ist nicht reich bei Gott. (Lukas 12,13-21)

Liebe Gemeinde,

es macht uns betroffen, wenn wir einen Menschen, der uns nahe stand, mit dem wir das Leben geteilt haben, den wir geschätzt und geliebt haben, loslassen müssen. Wenn es plötzlich und unerwartet geschieht, fühlen wir uns wie gelähmt und blockiert. Viele von uns haben genau das im vergangenen Jahr erlebt: Wir mussten loslassen und Abschied nehmen. Jemand aus Familie, Verwandtschaft, Freundeskreis ist verstorben. Ein Gesicht aus der Nachbarschaft, am Arbeitsplatz, aus dem Verein oder der Schulklasse ist nicht mehr da. Die vertraute Stimme ist verstummt. Und plötzlich werden wir an diese Grenze erinnert, die unserem Leben in dieser Welt gesetzt ist. Wir haben Zeit zum Leben. Es ist kostbare Zeit, die uns anvertraut ist. Aber diese Zeit ist begrenzt. Und: Wir wissen nicht, wie viel Zeit uns zur Verfügung steht.

„Was würden Sie tun, wenn Sie noch einen Tag zu leben hätten?“ In Deutschland wurde vor einiger Zeit eine Umfrage zu dieser Frage durchgeführt. Die Ergebnisse waren überraschend. Die Antworten zeigten, was Männern und Frauen in ihrem Leben zentral wichtig ist. Zudem kann diese Frage helfen, den Blick für das Wesentliche im Leben zu schärfen. Was würden wir darauf antworten? Was würde ich dazu sagen?

Wenn ich nur noch einen Tag zu leben hätte …
… dann würde ich Dinge in Ordnung bringen, die ich vor mir hergeschoben habe.
… dann würde ich mich versöhnen mit Mitmenschen, mit denen ich nicht im Reinen bin.
… dann würde ich mich bei meinen Freunden für Anteilnahme und Freundschaft bedanken und noch einmal Zeit mit ihnen verbringen.

… dann - ja, was würde ich dann tun?

Jesus erzählt hier von einem Mann – es könnte auch eine Frau sein. Es ist jemand, der erfolgreich ist. Jemand, der hart arbeitet hat. Ein reicher Gutsbesitzer, der Häuser und Grundstücke sein Eigentum nennt. Er bewirtschaftet sein Gut mit sicherem Gespür. Es geht aufwärts. Er expandiert. Immer mehr gibt es zu ernten. Sein Lagerraum vermag die Ernte nicht mehr zu fassen. Was soll er tun?

Die meisten Ökonomen würden ihm raten: Du musst weiter expandieren. Die alten Lagerhallen und Scheunen müssen weg. Mehr Ernte und mehr Gewinn heissen für diesen Mann: Ich muss mehr Lagerraum schaffen. Wir kennen diese Lebenseinstellung sehr gut. Immer mehr. Manchmal scheint mir, dass unsere ganze Gesellschaft von dieser Sucht nach immer mehr befallen ist. Immer mehr Information – ob wir mehr verstehen, ist eine andere Frage. Immer mehr intensive und packende Erlebnisse und Events – aber ob wir diese Erlebnisse auch verdauen können? Immer mehr Möglichkeiten, sich zu amüsieren und zu vergnügen. Wir können diese Liste endlos verlängern. Aber das Gleichnis von Jesus führt uns zu wichtigen Rück-Fragen: Ist MEHR denn auch automatisch besser? Bringt dieses MEHR wirklich tiefere Beziehungen, gesteigerte Lebensfreude, mehr Substanz?

Wahrscheinlich würde dieser Mann aus dem Gleichnis von Jesus auch heute viel Lob bekommen. Was er tut, scheint auf den ersten Blick logisch. Er tut, was auf der Hand liegt, was man tut.

Jesus hält uns mit diesem Gleichnis einen Spiegel vor. Er lenkt unsere Aufmerksamkeit auf die Themen, auf die es wirklich ankommt – auf die Fragen, die uns das Leben wirklich stellt. Wenn der Tod durch den Verlust eines lieben Menschen in unser Leben tritt, dann melden sich diese wichtigen Fragen – und das zu Recht: Was zählt in einem Menschenleben? Was bleibt, wenn alles vergeht? Was sind Ziele, für die es sich zu leben lohnt? Wofür setze ich mich mit meinem Leben, mit meiner Kraft, mit meiner Liebe ein?

Unser Gutsbesitzer hat nun diese grösseren Scheunen gebaut. Die Ernte ist versorgt. Die Arbeit erledigt. Und nun beginnt er laut nachzudenken. Was bedeutet das nun für mich? Dieser grosse Erfolg bedeutet für ihn:

Er klopft sich selbst auf die Schultern. Er beglückwünscht sich. „Gut gemacht!“ Wahrscheinlich haben ihm das andere Menschen mit Bewunderung – vielleicht auch mit Neid - gesagt. Nun sagt er es sich auch noch selbst. Es riecht nach Selbstbeweihräucherung.

Er denkt an seine Altersvorsorge. „Jetzt bist Du auf viele Jahre versorgt und kannst Dir Ruhe gönnen.“ Endlich kann er es etwas ruhiger nehmen. Endlich hat er finanziell ausgesorgt. Endlich kann er seine Wünsche erfüllen. Jetzt ist dieser Zeitpunkt da. Er hat so viel aufgehäuft, dass er sich menschlich gesehen keine Sorgen machen muss.

Er gibt sich seinen lange gehegten Wünschen hin. Essen und Trinken nach Herzenslust. Das Leben geniessen. So soll es lange Zeit weitergehen – zumindest stellt er sich das so vor.

Wenn wir Werbung aufmerksam und kritisch anschauen, dann liegt es auf der Hand, dass wir - auch fast 2000 Jahre später - über dieselben Kanäle ansprechbar sind: Das Leben geniessen. Vorsorgen für alle möglichen Fälle – die Dienstleistungsbranche lebt davon. Das eigene Image pflegen und aufrechterhalten. Das alles ist uns bestens vertraut. Fast bekommt man hier den Verdacht, Jesus nehme westliche Lebensideale ins Visier!

Auch wenn alle Leute diesem Mann applaudieren, Gott tut es nicht. Er ist unbestechlich. Er fragt nach tieferen Werten. Er macht ihm einen dicken Strich durch die schön zurechtgelegte Rechnung. Sein Urteil ist hart. „Du, Narr“, sagt er. Mit anderen Worten: Merkst Du nicht, dass Du auf das falsche Pferd gesetzt hast? Merkst Du nicht, dass das krampfhafte Bemühen um Dein Wohlergehen Dein Leben nicht wirklich ausfüllen kann? Dass Du für deinen Erfolg einen unglaublich hohen Preis bezahlst? Merkst Du nicht, dass der lebendige Gott, vor dem wir alle für unser Leben verantwortlich sind, andere Vorstellungen für Dein Leben hatte, an denen Du vorbei gelebt hast?

Die Geschichte nimmt eine unerwartete Wende. Es kommt ganz anders als gedacht und geplant. Der Tod durchkreuzt alle Pläne und Gedanken, Vorhaben und Projekte. Auch das haben viele von uns schmerzlich erfahren.

Das letzte Wort über unser Leben werden nicht andere Menschen sprechen – sondern der lebendige Gott, unser Schöpfer und Befreier. Das ist tröstlich und aufrüttelnd zugleich. Tröstlich, weil wir Menschen ja sehr unbarmherzig über andere urteilen können. Wo wir das an unserem eigenen Leib erleben, ist es sehr schmerzhaft. Aufrüttelnd deshalb, weil wir nach unserem Verhältnis zum Ursprung unseres Leben gefragt werden, vor dem unser Leben wie ein aufgeschlagenes Buch ist.

Wenn Gott spricht, dann erscheint unser Leben in einem neuen Licht. Und letztlich wird zählen, was er über unser Leben denkt und sagt. Gott sagt zu diesem reichen Gutsbesitzer: „Du Narr, noch in dieser Nacht musst Du sterben! Wem gehört dann dein Besitz?“ Was bleibt denn nun von dem, was Du getan, gesagt, geglaubt und erkämpft hast? Was bleibt von dem, wofür Du Dich Dein Leben lang eingesetzt hast?

Liebe Gemeinde,

der Ewigkeitssonntag ist eine Einladung zum Nachdenken über unser Leben. Der heutige Sonntag ist der letzte im Kirchenjahr, das ja mit dem ersten Advent neu beginnt. Dieser Sonntag soll uns daran erinnern, dass Gott uns Menschen eine Hoffnung und einen tragenden Grund gibt, der über unser Leben in dieser Welt und auch über unseren Tod hinausgeht. Ich bin die Auferstehung und das Leben. Wer mir vertraut, der wird auch dann leben, wenn er stirbt. Dieses Jesus-Wort stellt uns die gewaltige Hoffnung vor Augen. Wir sind eingeladen, uns dieser Hoffnung anzuvertrauen.

Ganz am Schluss der Bibel lesen wir die tröstlichen Worte: „Und Gott wird abwischen alle Tränen von ihren Augen ..." (Offenbarung 21,5). Wo wir hier in dieser Welt Trost in der Trauer, Hoffnung in Verzweiflung und Mut in Resignation entdecken, da erleben wir ein Bruchstück davon, wie Gottes grosses Finale, das uns noch bevorsteht, in unsere Zeit, in unsere Welt und in unser Leben hinein strahlt.

Wir beten:

Lebendiger Gott

Du fragst uns heute, ob die Basis unseres Lebens wirklich trägt.
Entlarve, was hohl, trügerisch und leer ist.
Befreie uns vom Drehen um uns selbst.
Zeige uns, worauf es wirklich ankommt,
was Deine Vorstellungen für unser begrenztes Leben sind.
Wir danken Dir für unsere Lebenszeit mit Höhen und Tiefen, mit Erfolgen und Misserfolgen.
Hilf uns, dass wir unser Leben einsetzen
für Dich und unsere Mitmenschen.
Schenke uns Vertrauen zu Dir,
das in den Stürmen des Lebens hält
und in der Stunde des Todes nicht zerbricht.

AMEN!

Wieder lebendig geworden

Und er sprach: Ein Mensch hatte zwei Söhne. Und der jüngere von ihnen sprach zu dem Vater: Gib mir, Vater, das Erbteil, das mir zusteht. Und er teilte Hab und Gut unter sie. Und nicht lange danach sammelte der jüngere Sohn alles zusammen und zog in ein fernes Land; und dort brachte er sein Erbteil durch mit Prassen. Als er nun all das Seine verbraucht hatte, kam eine große Hungersnot über jenes Land und er fing an zu darben und ging hin und hängte sich an einen Bürger jenes Landes; der schickte ihn auf seinen Acker, die Säue zu hüten. Und er begehrte, seinen Bauch zu füllen mit den Schoten, die die Säue fraßen; und niemand gab sie ihm. Da ging er in sich und sprach: Wie viele Tagelöhner hat mein Vater, die Brot in Fülle haben, und ich verderbe hier im Hunger! Ich will mich aufmachen und zu meinem Vater gehen und zu ihm sagen: Vater, ich habe gesündigt gegen den Himmel und vor dir. Ich bin hinfort nicht mehr wert, dass ich dein Sohn heiße; mache mich zu einem deiner Tagelöhner! Und er machte sich auf und kam zu seinem Vater. Als er aber noch weit entfernt war, sah ihn sein Vater und es jammerte ihn; er lief und fiel ihm um den Hals und küsste ihn. Der Sohn aber sprach zu ihm: Vater, ich habe gesündigt gegen den Himmel und vor dir; ich bin hinfort nicht mehr wert, dass ich dein Sohn heiße. Aber der Vater sprach zu seinen Knechten: Bringt schnell das beste Gewand her und zieht es ihm an und gebt ihm einen Ring an seine Hand und Schuhe an seine Füße und bringt das gemästete Kalb und schlachtet's; lasst uns essen und fröhlich sein! Denn dieser mein Sohn war tot und ist wieder lebendig geworden; er war verloren und ist gefunden worden. Und sie fingen an, fröhlich zu sein. Aber der ältere Sohn war auf dem Feld. Und als er nahe zum Hause kam, hörte er Singen und Tanzen und rief zu sich einen der Knechte und fragte, was das wäre. Der aber sagte ihm: Dein Bruder ist gekommen und dein Vater hat das gemästete Kalb geschlachtet, weil er ihn gesund wiederhat. Da wurde er zornig und wollte nicht hineingehen. Da ging sein Vater heraus und bat ihn. Er antwortete aber und sprach zu seinem Vater: Siehe, so viele Jahre diene ich dir und habe dein Gebot noch nie übertreten, und du hast mir nie einen Bock gegeben, dass ich mit meinen Freunden fröhlich gewesen wäre. Nun aber, da dieser dein Sohn gekommen ist, der dein Hab und Gut mit Huren verprasst hat, hast du ihm das gemästete Kalb geschlachtet. Er aber sprach zu ihm: Mein Sohn, du bist allezeit bei mir und alles, was mein ist, das ist dein. Du solltest aber fröhlich und guten Mutes sein; denn dieser dein Bruder war tot und ist wieder lebendig geworden, er war verloren und ist wiedergefunden. (Lukas 15,11-32)

Liebe Gemeinde,

Welche Person fesselt unsere Aufmerksamkeit? Ist es der Vater, der mit seiner Liebe, Geduld und Offenheit besticht? Ist es der jüngere Sohn, der nach Irrungen und Wirrungen zurückfindet zu seinen Wurzeln? Oder ist es der ältere Sohn, der auf die Heimkehr des jüngeren Bruders zutiefst verunsichert und irritiert reagiert?

Dieser ältere Sohn verfolgt mich seit einiger Zeit. Wir müssen uns seine Situation einmal plastisch vorstellen. Sein jüngerer Bruder hat seinen Teil des Erbes in der Fremde mit einem liederlichen Leben verjubelt. Eines Tages ist nichts mehr davon übrig. Sein Portemonnaie ist leer. Jetzt, wo es ihm miserabel geht, kommt er zur Besinnung, zur Einsicht. Er macht sich auf den Weg, kehrt zurück, kommt nach Hause.

Und sein Vater? Er sieht ihn schon von weitem – offenbar hat er nach ihm Ausschau gehalten! Mehr noch: Er läuft ihm entgegen – er verkürzt so den Weg für die Begegnung mit seinem Sohn! Mehr noch: Er fällt ihm um den Hals – seinem Sohn, der die Hälfte seines erarbeiteten Besitzes verjubelt hat! Mehr noch: Er kleidet ihn sofort neu ein – er brauchte es auch dringend, denn er stank erbärmlich! Nicht genug: Er steckt ihm einen Ring an den Finger – als Zeichen, dass er ihn als Sohn mit allen Rechten anerkennt! Nicht genug: Er gibt ein rauschendes Fest – aus Freude über die Rückkehr seines Sohnes!

Und jetzt: mitten im Fest stösst der ältere Sohn dazu. Er hat auf dem Feld geschuftet. Müde nähert er sich dem Haus. Und da hört er die Musik, er sieht das Tanzen! Was ist denn da los? Ich wusste gar nicht, dass es ein Fest gibt! Man muss sich diesen Moment einmal vorstellen und in die Haut des älteren Sohnes hineinschlüpfen. Der versteht die Welt nicht mehr. Er ist irritiert und verwirrt. Was geht denn da ab? Was ist das für ein Fest? Weshalb das Singen und Tanzen? Und dann erfährt er es: Der Grund für diese rauschende Party ist sein jüngerer Bruder. Veranstalter der Party ist sein Vater. Ein verrückter Moment!

Und jetzt bricht es aus ihm heraus. Verrückte Momente haben es in sich, dass Dinge ans Licht kommen, die sonst im Dunkeln bleiben. Vielleicht der überraschende Tod eines Freundes. Eine Entlassung, die uns wie aus heiterem Himmel trifft. Eine Qualifikation, die vernichtend ausfällt. Ein hoffnungsvolles Börsengeschäft, das sich als Totalflop entpuppt. Was passiert dann? Verrückte Momente fördern ans Licht, was in unserem Herz drin ist. In solchen Momenten verlieren wir manchmal die Kontrolle – und Dunkles bricht aus unserem Inneren heraus. So geschieht es hier. Eine wüste Mischung aus Bitterkeit, Zorn, Wut, Unzufriedenheit kommt da zum Vorschein. Der ältere Sohn wird wütend. Er will nicht hineingehen und mitfeiern. Zu allem Überfluss beginnt er auch noch seinem Vater Vorwürfe zu machen. Offenbar kann er nicht anders.

Ohne Zweifel zeigt die Geschichte von den zwei Söhnen zwei ganz verschiedene Arten von Beziehung zum lebendigen Gott. Der jüngere Sohn steht für Menschen, die sich von Gott radikal distanziert haben – die dann aber plötzlich realisieren, dass der lebendige Gott ihr wahres Zuhause ist und sich auf den Weg machen, ihm zu begegnen. Der ältere Sohn steht für Menschen, die äusserlich gesehen in enger Verbindung mit Gott stehen – und innerlich doch auf Distanz zu ihm leben. Der jüngere Sohn steht für den Bruch und die äussere Distanz zu Gott, die eine Umkehrung erfährt. Der ältere Sohn steht für die innere Distanz.

Gott als harter Arbeitgeber – „wie ein Sklave habe ich für Dich geschuftet". Gott als einer, der mich mit Vorschriften stresst. Gott als einer, der Leistung sehen will. Gott als einer, der mir nichts gönnt. Gott als Polizist, als Kontrolleur, als himmlischer Beamter.

Leider sind diese Vorstellungen – auch bei Männern und Frauen und Kindern, die es mit dem Glauben ernst nehmen – weiter verbreitet und tiefer verwurzelt, als uns lieb sein kann. Wenn Du so über Gott denkst, dann sage ich Dir heute auf der Basis des Evangeliums von Jesus: Nein! So ist Gott nicht. Gott ist ganz anders, als Du es bisher gedacht hast. Gott ist ein Gott der Liebe und der Beziehung. Gott gönnt Dir festliche Freude im Alltag. Gott ist an Dir als seinem Geschöpf wirklich interessiert. Gott sucht die Beziehung zu Dir und kommt Dir entgegen. Gott nimmt Dich in die Arme, wenn Du versagt hast. Gott nimmt Dich gerne auf, wenn Du umkehrst. Gott veranstaltet ein Fest, wenn Du heimkehrst. So ist Gott. Genau dieses Gesicht Gottes hat uns Jesus mit seinem ganzen Leben gezeigt. So ist Gott: Wie dieser Vater, der um beide ringt – um seinen jüngeren und um seinen älteren Sohn.

Dieses bekannte Jesus-Gleichnis steht in einer Dreier-Reihe: Zuerst geht es um hundert Schafe, dann um zehn Silberstücke und schliesslich um zwei Söhne und ihren Vater. Der Hirte lässt die 99 Schafe in der Steppe stehen und sucht das eine verlorene Schaf. Stellen Sie sich die Empörung der 99 vernachlässigten vor! Weshalb ist denn der Hirte so bemüht um das eine Schaf, das nicht mehr bei der Herde ist? Dann die Frau, die eines von 10 Geldstücken verloren hat. Auch sie verhält sich gleich: sie muss das eine verlorene Geldstück suchen, weil es so wertvoll ist. Und schliesslich dieser Vater, der seine beiden Söhne liebt, der jahrelang auf seinen jüngeren Sohn gewartet hat. Das Lukasevangelium verknüpft diese Dreier-Reihe von Gleichnissen mit dem, was sich um Jesus ereignete: Da waren Männer und Frauen mit zweifelhaftem Ruf – und diese fanden sich, zur allgemeinen Überraschung, bei Jesus ein und wollten ihm zuhören. Menschen, von denen man es gar nicht erwartet hätte. Männer und Frauen, die bisher nicht nach Gott und seinen Geboten gefragt hatten, sie waren jetzt plötzlich da und fasziniert von Jesus. Sehr irritierend für die Pharisäer und Schriftgelehrten. Ihnen passte das überhaupt nicht. Sie machen ihm zum Vorwurf, dass er Gemeinschaft mit solchem Gesindel pflegte und sogar mit ihnen ass.

Jesus deutet mit diesen Gleichnissen das, was jetzt in seiner Nähe passiert. Er will damit die Augen öffnen. Offenbar sehen viele gar nicht, was da von Gott her abläuft. Deshalb erzählt Jesus diese Gleichnisse. Und die Botschaft kommt gleich dreifach. Sie lautet: Gott freut sich darüber, wenn Menschen sich bei Jesus einfinden und ihm zuhören. Das ist ein gewaltiges Geschehen. Der ganze Himmel freut sich mit. Und dann die Aufforderung: Freut Euch doch auch mit! Genau: Auch der Vater lädt seinen älteren Sohn, den Braven, den Seriösen, den Angepassten zum Mitfeiern ein. Jetzt können wir doch gar nicht anders als feiern!

Was ist, wenn Menschen in unserer Umgebung, von denen wir es gar nicht erwartet hätten, sich plötzlich aufmachen, nach dem lebendigen Gott fragen, unsere Gottesdienste aufsuchen, sich eine Bibel besorgen und darin lesen, eigene vielleicht ungewohnte Gebete an Gott richten? Was ist dann mit uns, die wir uns schon lange für Gott und seine Sache eingesetzt haben? Was ist dann mit uns, die wir haupt- und ehrenamtlich seit zehn, zwanzig oder gar dreissig Jahren in der Kirche mitarbeiten? Was ist dann mit uns, die wir es genau zu wissen meinen? Wie ist das dann für uns? Freuen wir uns darüber? Oder sind wir sauer? Sie sagen jetzt vielleicht: Ja, aber das ist doch klar, dass man sich mitfreut. Leider nicht! In unserem Gleichnis bleibt es offen.

Diese Jesus-Worte sind von grosser Tragweite für die Kirche. Meine Überzeugung ist: Wir müssen das wirklich ernst nehmen und entsprechend bedenken. Wir müssen unsere Einstellung und unsere kirchliches Handeln danach ausrichten. Wenn Jesus wirklich Verlorene gesucht hat, dann muss seine Kirche das auch tun. Dann ist das seine Berufung für uns. Dann verfehlt eine Kirche, die im Kreis dreht und nur für sich selbst lebt, die zur Hauptsache mit den Bedürfnissen ihrer Insider beschäftigt ist, ihre Bestimmung. Kirche ist Kirche, wenn sie für andere da ist! (Bonhoeffer)

Welche Menschen gehören denn zu unseren Kirchen und Kirchgemeinden? Hat es da mehr ältere Söhne – oder mehr jüngere Söhne? Oder haben wir unter uns eine ausgewogene Mischung von beiden? Und: Wo stehst Du persönlich? Stehst Du eher auf der Seite des älteren Sohnes? Oder tendenziell auf der Seite des jüngeren Sohnes? Oder: Warst Du einmal wie der jüngere Sohn und bist jetzt – nach einigen christlichen Jahren – wie der ältere? Ich wundere mich immer, wenn sich Christinnen und Christen so stark mit dem jüngeren Sohn identifizieren und den älteren Sohn links liegen lassen. Denn ich habe den Verdacht und die Vermutung, dass wir mehr ältere als jüngere Söhne unter uns haben ... Wenn das zutrifft, dann müssen wir die Botschaft des Vaters an den älteren Sohn viel ernster nehmen!

Ich behaupte nicht, dass es ein einfacher Weg ist, den uns Jesus in diesem Gleichnis vorschlägt. Aber er hat uns diesen Weg nicht nur gepredigt, sondern auch vorgelebt. Er hat die jüngeren Söhne herzlich und ohne Vorbehalte aufgenommen. Und er hat die älteren Söhne herausgefordert, sich über die Heimkehr der jüngeren Söhne zu freuen. Wie sieht eine Kirche aus, die sich das zu Herzen nimmt?

AMEN!

Senfkornglaube

Und die Apostel sprachen zu dem Herrn: Stärke uns den Glauben! Der Herr aber sprach: Wenn ihr Glauben hättet so groß wie ein Senfkorn, dann könntet ihr zu diesem Maulbeerbaum sagen: Reiß dich aus und versetze dich ins Meer!, und er würde euch gehorchen. (Lukas 17,5-6)

Liebe Gemeinde,

ist es uns Menschen möglich, ohne Vertrauen zu leben? Ohne Vertrauen zur Aerztin beispielsweise, die mich behandelt. Oder: Ohne Vertrauen zum Apotheker, der mir ein Medikament aushändigt. Ohne Vertrauen zur Busfahrerin und zum Lokführer, die mich an einen bestimmten Ort befördern sollen. Nein, es ist kaum möglich, ohne Vertrauen zu leben, denn unser Zusammenleben gründet letztlich auf Vertrauen. Wir Menschen brauchen einander – und wir brauchen Vertrauen zueinander. Es braucht Ehepartner, die einander vertrauen. Es braucht Kinder, die ihren Eltern vertrauen – und umgekehrt. Es braucht Männer und Frauen, die ihrem Arbeitgeber vertrauen – und umgekehrt. Es braucht Freunde und Freundinnen, die sich vertrauen. Mehr noch – und das haben wir in den letzten Jahren neu erfahren: es braucht Vertrauen zwischen Handelspartnern, Firmen und Banken, sonst ist der Wirtschaftskreislauf blockiert. Inzwischen ist die Überzeugung verbreitet, dass die letzte grosse Wirtschaftskrise im Kern eine Vertrauenskrise war. Überall braucht es Vertrauen. Beispiele von dem, was passiert, wenn wir einander nicht vertrauen – davon berichten unsere Medien täglich.

Wenn hier in diesem Jesus-Wort aus dem Lukasevangelium vom Glauben die Rede ist, dann ist genau das gemeint: Vertrauen! Vertrauen, wie wir es aus menschlichen Beziehungen kennen. Gemeint ist Vertrauen, das sich auf Gott bezieht. Vertrauen, dass es einen Boden gibt, auf dem unser Leben steht – mit allen Höhen und Tiefen. Vertrauen, dass ich getragen werde von dem Gott, der die Welt ins Dasein rief. Vertrauen, dass der lebendige Gott da ist, ob ich ihn spüre oder nicht.

Wenn Jesus hier vom Glauben redet, dann meint er Vertrauen – Gott-Vertrauen! Doch: Haben wir Gott-Vertrauen? Zugespitzt: Hast Du Gott-Vertrauen? Ganz verschieden reagieren Frauen und Männer, wenn ihnen diese Frage gestellt wird. Verallgemeinernd gesagt gibt es drei verschiedene Gruppen von Reaktionen:

Erste Gruppe: Nein, ich habe kein Gott-Vertrauen – vielleicht mit dem Nachsatz: das brauch ich gar nicht! – vielleicht aber auch mit dem ganz anderen Nachsatz: eigentlich wünschte ich mir Gott-Vertrauen, aber ich weiss nicht, der erste Schritt hin zu diesem Vertrauen aussieht!

Zweite Gruppe: Ja, ich habe Gott-Vertrauen. Aber es ist klein. Es ist schwach. Es ist schwankend. Manchmal habe ich mehr Gott-Vertrauen – manchmal weniger.

Dritte Gruppe: Ja, ich habe Gott-Vertrauen! Ohne weitere Ausführungen, Erklärungen, Relativierungen.

Vermutlich ist die zweite Gruppe die grösste. Wir kennen viele Menschen, die mit dem Eindruck leben, da sei zwar schon ein wenig Gott-Vertrauen in ihnen, aber es sei klein, schwach und schwankend. Wenn wir nun schauen, was die Jünger von Jesus bitten, dann wird uns schlagartig klar: die sitzen im gleichen Boot und sind aus dem gleichen Holz geschnitzt. Mein Eindruck ist: sie zählen sich nicht etwa zur dritten, sondern zur zweiten Gruppe. Sie empfinden ihren Glauben als mangelhaft, als steigerungsbedürftig, als entwicklungsfähig. Was sagen sie? Präziser: Was bitten sie?

Stärke uns den Glauben! Das ist ihre Bitte. Sie sehen sich selbst als solche, deren Glaube, deren Gott-Vertrauen noch stärker und grösser werden sollte. Zunächst stellen wir fest: sie wenden sich mit dieser Bitte an die richtige Adresse! Jesus ist der Spezialist, der ultimative Experte für solche Bitten und Fragen. Er ist ganz Mensch – und doch viel mehr als ein gewöhnlicher Mensch. Er ist, so sagt es die Bibel an anderer Stelle, der Gott-mit-uns, der Schöpfer von Himmel und Erde, der uns Menschen ganz nahe kommt und das Leben in dieser Welt mit allen Schönheiten und Schwierigkeiten haargenau kennt. Bei ihm sind wir Menschen mit unseren Bitten, unseren Fragen und Klagen an der richtigen Adresse!

Hinter dieser Bitte der Jünger von Jesus verbirgt sich eine Vorstellung vom Glauben, die uns bestens vertraut ist. Es gibt Glauben – es gibt Gott-Vertrauen in verschiedenen Grössenordnungen und Gewichtsklassen. Es gibt „Champions-League“-Glauben und es gibt Glauben 4. Liga regional … - Glauben im Tonnenbereich und Glauben im Grammbereich - und dann auch noch alle Abstufungen dazwischen. Wir stellen uns vor, dass es sowohl grossen und starken Glauben – als auch kleinen und schwachen Glauben gibt. Vor unserem inneren Auge sehen wir eine Skala, die vom einen Pol und zum anderen geht – und wir ordnen uns selbst und andere auf dieser Skala ein. Kennen wir das?

Doch aufgepasst: Jesus stellt – wie so oft – mit seiner Antwort alles auf den Kopf. Was sagt er? Wenn ihr Glauben hättet so groß wie ein Senfkorn …

Wisst ihr, wie gross denn ein Senfkorn ist? Das gibt zwar eine stattliche Staude, wenn dieses Korn aufgeht! Aber das Senfkorn selbst ist winzig klein und wir sehen es kaum. Jesus überrascht uns! Glaube so gross – oder besser gesagt: so klein wie ein Senfkorn genügt. Du brauchst gar keinen grossen Glauben! Wichtig ist, dass Du überhaupt Gott-Vertrauen hast, auch wenn es nur so klein ist wie ein Senfkorn.

Was für eine Entlastung! Was für ein Trost! Trost für all die, die schon zu hören bekommen haben: Du musst nur mehr glauben! Trost für alle, die ihr Gott-Vertrauen selbstkritisch prüfen und feststellen: Mein Glaube ist so klein und schwach! Trost für alle, die zu „Glaubensriesen“ in Geschichte und Gegenwart aufschauen und sich dabei als Glaubens-Zwerge vorkommen. Trost für alle, die frommen Stress haben, weil sie weil sie mit dem Eindruck leben: ich glaube zu wenig. Die Botschaft von Jesus hier ist: Du brauchst gar keinen grossen Glauben – Glaube in der Grösse eines Senfkorns genügt! Du braucht einfach Vertrauen zu Gott. Ein Ausleger bringt es treffend so auf den Punkt: „Es kommt aber nicht, wie sie (die Jünger) meinen, auf das Mass des Glauben an, sondern darauf, dass überhaupt Glaube da ist.“ (Karl Heinrich Rengstorf)

Der Reformator Martin Luther brauchte einen anschaulichen Vergleich, um das zu verdeutlichen: „ Es ist wie mit zwei Leuten, von denen jeder hundert Goldmünzen besitzt. Der eine trägt sie herum in einem Papiersack, der andere in einem eisernen Kasten. Doch trotz dieser Unterschiede besitzen sie beide einen gleichgrossen Schatz. So ist der Christus, den du und ich besitzen, ein und derselbe, unabhängig von der Stärke oder Schwäche deines oder meines Glaubens.“

Wir brauchen nicht einen grossen Glauben, sondern Glauben an einen grossen Gott. In diesem Jesuswort liegt eine gewaltige Entlastung für die Jünger und für uns. Senfkornglaube – das würde doch bedeuten: Mein Glaube muss eben gerade nicht gross, imposant und stark sein. Er darf ruhig unscheinbar, unauffällig und unspektakulär sein. Der Schwerpunkt verschiebt sich spürbar: die Last liegt nicht mehr auf mir, dass ich in Sachen Glauben nun etwas leisten müsste. Gefordert ist nicht eine besondere Glaubensleistung, sondern ein Glaube, der – auch wenn er noch so gering ist – auf Gott schaut. Der Blick geht von mir selbst weg hin zu Gott und seiner Stärke, hin zu seiner Macht, hin zu seinen Möglichkeiten. Hin zu Jesus, dem Gott-mit-uns, dem Gekreuzigten und Auferstandenen. Hin zu Jesus als dem „Anfänger und Vollender des Glaubens“.

Manchmal frage ich mich: schauen wir heute nicht zu viel auf uns? Schauen wir nicht zu viel auf unsere Erlebnisse und Erfahrungen? Zu viel auf unsere Gedanken und Gefühle? Beim Glauben geht es darum, dass mein Lebensschiff beim lebendigen Gott verankert ist. Die Betonung liegt weniger auf mir, sondern vielmehr auf Gott, auf seiner Liebe und Treue, auf seiner Zuverlässigkeit und Beständigkeit. Bei ihm ist unser Halt. Bei ihm ist unsere

Orientierung. Bei ihm finden wir tragfähigen Sinn. Bei ihm liegen Ursprung und Ziel unseres Lebens.

Wenn ihr Glauben hättet so groß wie ein Senfkorn, dann könntet ihr zu diesem Maulbeerbaum sagen: Reiß dich aus und versetze dich ins Meer!, und er würde euch gehorchen.

Noch einmal wird unsere Fantasie durch dieses Jesus-Wort strapaziert! Gemeint ist: dieser Senfkorn-Glaube bringt unerwartete Dinge in Bewegung. Deutlich setzt Jesus hier einen Kontrast: auf der einen Seite das winzige Senfkorn (im Millimeter-Bereich) – und auf der anderen Seite der stattliche Maulbeerbaum (mit Wuchshöhen bis 15 Metern). Und noch etwas: der Maulbeerbaum ist ein Baum mit einer starken Verwurzelung. Das Gott-Vertrauen, das Jesus meint – und sei es noch so winzig – setzt viel Grösseres in Bewegung. Wo Glaube ist - Glaube an den Schöpfer der Welt - Glaube an Jesus Christus, den Gekreuzigten und Auferstandenen - Glaube an den Gottes-Geist, den starken Tröster ... Wo dieser Glaube ist, da geraten plötzlich tiefeingewurzelte Dinge in Bewegung. Da werden Berge versetzt (vgl Mt 17,14-20). Da werden plötzlich Dinge möglich, die uns überraschen und verblüffen. Verkrachte versöhnen sich nach Jahren des Stillstands: Ehepartner, Eltern mit Kindern, Nachbarn untereinander, sogar Feinde ... - warum eigentlich nicht? Eine innere Blockade weicht durch ein entscheidendes Wort – warum nicht? Ein todkranker Mensch kann sein Leben loslassen und getrost im Vertrauen auf die Auferstehung von Jesus seine letzte Reise antreten – warum nicht? Ein Uneinsichtiger kehrt um – warum nicht? Unzählige Beispiele in dieser Art sind denkbar.

Liebe Gemeinde,
es ist deutlich, dass Jesus der Vergleicherei im Glauben eine klare Abfuhr erteilt. „Es ist nicht die Grösse unseres Glaubens, sondern die Grösse Gottes, die zählt." (Alister E. McGrath) Wichtig ist nicht, wie gross oder klein unser Glaube ist, sondern die einfache Tatsache, dass wir dem lebendigen Gott vertrauen. Jeder Mensch glaubt – die Frage ist aber: wem! Und weiter: ist mein Gegenüber auch vertrauenswürdig? „Es ist nutzlos, jemandem leidenschaftlich zu vertrauen, der dieses Vertrauens nicht würdig ist; selbst ein schwacher Glaube an jemanden, der absolut verlässlich ist, ist erheblich besser als ein starker Glaube an einen Halunken oder Schwindler." (Alister E. McGrath) Darum spricht der Glaube so: Weil dieser Gott, der mir in Jesus begegnet, vertrauenswürdig ist, darum vertraue ich ihm. Oder wie frühere Generationen sagten: Wer Gott vertraut, hat wohl gebaut.

AMEN!

Nur einer

Und es begab sich, als er nach Jerusalem wanderte, dass er durch Samarien und Galiläa hin zog. Und als er in ein Dorf kam, begegneten ihm zehn aussätzige Männer; die standen von ferne und erhoben ihre Stimme und sprachen: Jesus, lieber Meister, erbarme dich unser! Und als er sie sah, sprach er zu ihnen: Geht hin und zeigt euch den Priestern! Und es geschah, als sie hingingen, da wurden sie rein. Einer aber unter ihnen, als er sah, dass er gesund geworden war, kehrte er um und pries Gott mit lauter Stimme und fiel nieder auf sein Angesicht zu Jesu Füßen und dankte ihm. Und das war ein Samariter. Jesus aber antwortete und sprach: Sind nicht die zehn rein geworden? Wo sind aber die neun? Hat sich sonst keiner gefunden, der wieder umkehrte, um Gott die Ehre zu geben, als nur dieser Fremde? Und er sprach zu ihm: Steh auf, geh hin; dein Glaube hat dir geholfen. (Lukas 17,11-19)

Liebe Gemeinde,

Jesus ist auf seiner letzten Reise nach Jerusalem. Er hat das Ziel, das für ihn Kreuz und Auferstehung bedeutet, fest vor Augen. Unterwegs auf diesem Weg nach Jerusalem gelangt er ins Grenzgebiet von Galiläa und Samaria. Wie es seiner Gewohnheit entspricht, besucht er die Menschen dort, wo sie leben, wohnen, arbeiten - in ihren Dörfern und Städten. Auf dem Weg in ein Dorf in diesem Grenzgebiet kommen Jesus und seinen Jüngern diese zehn Aussätzigen entgegen. Jesus bewegt sich im Grenzgebiet. Jesus als Grenzgänger! Jesus als der, der menschliche Grenzen über-schreitet.

Aussätzige – das waren die „Unberührbaren" damals. Diejenigen, die man mied. Diejenigen, denen man aus dem Weg ging. Aus Angst vor Ansteckung wurden sie aus der Dorfgemeinschaft verbannt und ausgeschlossen. Sie hatten ihren Platz buchstäblich am Rand der Gesellschaft. Sie mussten mit Lärm auf sich aufmerksam machen, wenn jemand sich ihnen näherte. Sie mussten ausserhalb der Dorfes leben, isoliert von ihren Familien und Freunden, damit der Rest der Gesellschaft den gewohnten Dingen nachgehen konnte und dabei nicht durch ihren Anblick irritiert wurde. Ich frage: Wer sind unsere „Aussätzigen" heute?

Nun nimmt die Begegnung ihren Lauf. Jesus und seine Jünger nähern sich dem Dorf – die zehn Aussätzigen sehen sie und gehen ihnen entgegen. Doch die zehn kennen die Spielregeln - sie dürfen den Gesunden nicht zu nahe kommen. Deshalb bleiben sie in angemessenem Abstand stehen. Sie rufen laut, um mit Jesus Kontakt aufzunehmen. Sie rufen seinen Namen. Sie bezeichnen ihn als Meister. Sie bitten um sein Erbarmen. Erbarmen – herzliches Mitgefühl – echte Anteilnahme am Leben und Weg anderer. Das war eine hervorragende

Eigenschaft von Jesus. Mehr noch: Er verkörperte mit seiner ganzen Person diese Haltung des Erbarmens.

Bis hierher verläuft die Begegnung erwartungsgemäss. Doch jetzt nimmt die Geschichte eine erstaunliche Wendung. Wie soll denn das Erbarmen aussehen, um das die Aussätzigen bitten? Was ist ihr Wunsch? Es liegt auf der Hand und ist vollkommen verständlich: Sie wollen geheilt werden und wieder Teil der Gemeinschaft in Familie und Dorf werden. Doch: Jesus schaut sie an und gibt ihnen eine Anweisung. Auf die Bitte nach seinem Erbarmen geht Jesus ein – aber wie so oft ganz anders als erwartet. Er hat ihre Bitte gehört und der Wunsch nach Heilung ist angekommen. Aber Jesus geht nicht nach Schema F und Schablone 08/15 vor. Jede Heilung ist bei ihm ein Unikat. Jede Begegnung mit Menschen ist einzigartig, weil eben jeder Mensch ein Original aus der Hand des Schöpfers ist. Darum gibt es keine zwei Heilungen in den Evangelien, die exakt nach dem gleichen Muster ablaufen. Jesus ist immer für eine Überraschung gut.

Für unsere Neugierde gibt es übrigens einen Dämpfer: Es wird uns nicht einmal berichtet, wie diese Heilung genau vor sich gegangen ist. Eines ist klar. Die Heilung beginnt mit einer konkreten Anweisung, mit einem Befehl. Die Aussätzigen werden von Jesus zu den Priestern losgeschickt, obwohl sie noch gar nicht geheilt sind. Die Priester mussten zu dieser Zeit darüber befinden und entscheiden, ob jemand tatsächlich geheilt war und wieder in seine Familie und Dorfgemeinschaft zurückkehren durfte. Eine Art medizinischer Rückkehr-Check.

Es ist krass: Die Aussätzigen hier müssen also den Weg unter die Füsse nehmen und zwar ohne Anzeichen der Heilung, die sie sich doch so sehnlich wünschen. Sie haben nur etwas bekommen: Nur ein Wort von Jesus, nur seine Anweisung, was sie tun sollen. Nun ist ihr Glaube gefragt und ihr Vertrauen auf dem Prüfstand. Werden sie diesem Wort vertrauen? Dieses Vertrauen kann sich nur darin zeigen, dass sie die Anweisung Jesu in die Tat umsetzen und seinem Wort Folge leisten. Das wird auch bei uns so sein: Das Vertrauen zu Jesus zeigt sich nicht in wortreichen Absichtserklärungen, sondern im schlichten, einfachen Befolgen der Worte Jesu. Die zehn Aussätzigen haben ihr Vertrauen zu Jesus dadurch gezeigt, dass sie den Weg zum Priester unter die Füsse nahmen und konkrete Schritte gingen.

Das Faszinierende an dieser Geschichte ist, dass ihre Heilung unterwegs geschah. Hier könnte die Geschichte eigentlich aufhören. Sie haben ja jetzt die Heilung erfahren, die sie erhofft, ersehnt und erbeten haben. Ende gut, alles gut? Nein!

Wir blenden zurück. Zehn Aussätzige. Isoliert. Ausgestossen. Marginalisiert. Alle zehn kamen Jesus entgegen! Alle zehn riefen zu Jesus um Hilfe an! Alle zehn hörten das Wort von

Jesus und seine konkrete Handlungsanweisung! Alle zehn befolgten diese Anweisung! Alle zehn zeigten ihr Vertrauen zu Jesus und seiner Anweisung dadurch, dass sie sich auf den Weg machten! Alle zehn wurden schliesslich auch geheilt! Aber: nur einer kam zurück und dankte dafür! Alle zehn taten wichtige, wesentliche und richtige Schritte. Aber eben: Nur einer dankte!

Umkehr zum Dank! So habe ich für mich diese Geschichte überschrieben. Die Dankquote in unserer Geschichte liegt bei mageren 10%, weil nur einer von zehn Geheilten zurück kommt. Dank erfolgt offenbar nicht automatisch. Dank ist nicht selbstverständlich. Dank passiert nicht einfach so. Aber: Dank ist ein Lebensausdruck, den wir einüben können.

Ja, wo liegt denn eigentlich meine persönliche Dankquote? Liegt sie auch bei 10% - leicht darüber oder eventuell gar darunter? Schön, wenn wir gegenüber Menschen dankbar sind. Doch wie steht es mit unserem ausgesprochenen Dank gegenüber Gott? Mit unserem Dank für sein Erbarmen? Mit unserem Dank für Situationen in unserem Leben, wo Gott eingegriffen, gehalten, bewahrt, verbunden, ja vielleicht geheilt hat? Haben wir ihm gedankt? Sind wir umgekehrt, um zu danken? Tun wir es – oder verschlafen wir die Gelegenheiten zum Dank?

Einer kommt zurück zu Jesus. Es wird berichtet, wie er drei Dinge tut:

Erstens: Der Geheilte preist Gott: Das Lob Gottes kommt ihm über die Lippen. Er findet Worte. Er wird explizit. Er lobt Gott – und er tut dies laut. Ich sage nun aber nicht, dass alle das laut tun müssen – und dass ein leises Lob Gottes etwa weniger wert sei. Wichtig ist vielmehr, dass es echt ist und von Herzen kommt. Beim einen wird es lauter und beim anderen leiser sein. Aber: Es darf auch laut sein.

Zweitens: Der Geheilte dankt Jesus: Diese konkrete Wohltat Gottes durch Jesus findet ihre Antwort im Dank dieses einen Menschen. Dank wäre doch eigentlich die normale Reaktion aller zehn Geheilten. Aber eben: Sind nicht auch wir tendenziell nachlässig und vergesslich, wenn es um Dank geht –besonders auch gegenüber unserem Gott und Schöpfer!

Übrigens: Es ist kein Zufall, dass jeder Gottesdienst – unabhängig von Stil, Ausdrucksweise und Musik – genau das beinhaltet: Anbetung, Lob, Dank. Wir brauchen Übung darin. Gottesdienste sind unser wöchentliches Training, diese Haltung einzuüben, damit sie unseren Alltag prägt. Wir werden daran erinnert, dass es ganz normal ist, Gott zu loben und ihm zu danken – und wir tun es gemeinsam – mit Liedern, Worten und Stille. Deshalb an dieser

Stelle – und bitte ohne Verdacht auf Gesetzlichkeit, darum geht es wirklich nicht! – herzliche Einladung zu unserem wöchentlichen „Training“!

Drittens: Der Geheilte wirft sich nieder: So wird es zwischen Lob und Dank des Geheilten vermerkt. Auf diese Weise zeigte er Jesus seine Ehrerbietung. Ich sage nun nicht, dass wir das alle beim Beten nachahmen müssten. Biblisch gesehen ist das einfach eine mögliche Ausdrucksform. Es gibt eine Vielfalt von Ausdrucksweisen beim Beten: Wir können aufstehen, niederknien, liegen, die Hände ausstrecken etc. Das Zentrale dabei ist, dass sich Lob und Dank in unserer körperlichen Haltung widerspiegeln. Innen und aussen findet zur Übereinstimmung. Jede Haltung beim Beten sagt etwas aus und soll uns helfen, auch innerlich diese Haltung einzunehmen. Wichtig ist nicht die Gleichschaltung mit irgendwelchen traditionell-kirchlichen oder gängig-charismatischen Gebetsmustern, sondern: dass ich lerne, authentisch mit meinem Körper Gott zu loben und ihm zu danken. Deshalb findet auch das gleichzeitige Lob Gottes in einem Gottesdienst bei uns als Einzelnen verschiedene Ausdrucksweisen, weil wir als Gottes Geschöpfe so faszinierend verschieden sind, verschieden leben, denken und empfinden. Entscheidend ist, dass wir umkehren, um Gott zu loben und ihm zu danken – von ganzem Herzen. Wir haben allen Grund dazu.

AMEN!

Die hartnäckige Witwe

Er sagte ihnen aber ein Gleichnis darüber, dass sie allezeit beten und nicht nachlassen sollten, und sprach: Es war ein Richter in einer Stadt, der fürchtete sich nicht vor Gott und scheute sich vor keinem Menschen. Es war aber eine Witwe in derselben Stadt, die kam zu ihm und sprach: Schaffe mir Recht gegen meinen Widersacher! Und er wollte lange nicht. Danach aber dachte er bei sich selbst: Wenn ich mich schon vor Gott nicht fürchte noch vor keinem Menschen scheue, will ich doch dieser Witwe, weil sie mir so viel Mühe macht, Recht schaffen, damit sie nicht zuletzt komme und mir ins Gesicht schlage. Da sprach der Herr: Hört, was der ungerechte Richter sagt! Sollte Gott nicht auch Recht schaffen seinen Auserwählten, die zu ihm Tag und Nacht rufen, und sollte er's bei ihnen lange hinziehen? Ich sage euch: Er wird ihnen Recht schaffen in Kürze. Doch wenn der Menschensohn kommen wird, meinst du, er werde Glauben finden auf Erden? (Lukas 18,1-8)

Liebe Gemeinde,

ich bin unterwegs in der Stadt. Jemand steuert direkt auf mich zu – eine junge Frau – und ich ahne schon die Frage, die sie mir stellen wird: Hesch mer e Stutz? Kannst Du mir Geld geben? So spricht sie die vorbeigehenden Passanten an. Hartnäckig Fragen. Immer wieder Fragen. Einfach so lange, bis es klappt. Bis man hat, was man braucht – oder will.

Doch ich muss nicht unbedingt in die Stadt. Wie hartnäckig können doch die eigenen Kinder sein, wenn es beispielsweise um Süssigkeiten, um eine Sendung im Fernsehen, um eine gute Wintersportausrüstung, um einen Fussballmatch oder um die Benützung des Computers geht! Oder wenn ich an Kinder im Religionsunterricht denke, die mich fragen: Singen wir wieder dieses Lied? Erzählen Sie heute weiter? Oder auch: Machen wir eine Schneeballschlacht? Was ich da nicht alles gefragt werde ... Da sehe ich ein Strahlen, wenn ich nachgebe. Und manchmal auch die Enttäuschung in den Gesichtern, wenn ich Nein sage. Aber das nächste Mal wird bestimmt wieder gefragt! Hartnäckig wie Kinder eben sein können.

Solche und ähnliche Situationen helfen mir zu verstehen, was die Witwe in unserem Gleichnis tut. Sie geht immer wieder zu diesem Richter. Sie stellt immer wieder die gleiche Forderung. Sie wird nicht müde, vom Richter zu verlangen, dass er sich um ihr Recht kümmert – was ja schliesslich auch seine Aufgabe ist. Sie liegt ihm ständig in den Ohren. Sie lässt nicht locker. Sie ist beharrlich und hartnäckig. Sie tut das so konsequent und so direkt, dass er sie nicht länger ignorieren kann. Sie ist ihm richtig lästig. Er muss sich um ihr Recht kümmern, weil sie sonst Tag für Tag kommt und ihr Recht einfordert.

Was Jesus über den Richter sagt, überrascht mich. Jesus charakterisiert ihn als einen, der weder gegenüber Gott noch gegenüber Menschen den angemessenen Respekt aufbringt – eine erstaunliche Charakterisierung für einen Richter. Darüber allein könnte man schon eine Weile nachdenken, etwa weshalb dieser Richter ausgerechnet gegenüber Gott und den Mitmenschen den nötigen Respekt vermissen lässt. Ob da ein Zusammenhang besteht zwischen diesen beiden Adressaten der Achtung? Das Doppelgebot der Liebe – als Kontrast dazu – schildert diese Verbindung - allerdings positiv gedreht! Liebe Gott ... und Deinen Mitmenschen – wie Dich selbst (gekürzte Version!).

Zum Richter: Wahrscheinlich würden wir uns auch aufregen. Jeden Tag erlebt er diese Szene. „Was ist denn das für ein Theater?", denkt er sich vielleicht. Nicht schon wieder – nicht heute – nicht gerade jetzt. Es passiert in gelegenen und ungelegenen Momenten, dass sie auftaucht. Er fürchtet sich schon bald, dass sie ihn abfängt vor seinem Büro, ihn mitten in der Nacht aufweckt oder ihn beim Essen stört. Sie ist einfach immer wieder da und pocht auf ihr Recht. Wie soll er da seinen Geschäften nachgehen? Wie soll er sich da auf seine Aufgaben konzentrieren? Wie kann er da ein normales Leben führen?

Schliesslich tut der Richter, was die Witwe fordert. Er verhilft ihr zu ihrem Recht! Nicht aus Respekt, nicht aus Gerechtigkeitssinn, nicht aus Liebe. Er erträgt es einfach nicht mehr, dass die Witwe immer wieder kommt und gleichsam kategorisch ihre Forderung wiederholt. Deshalb!

Nun ist man vielleicht erstaunt, eine solche Geschichte von Jesus zu hören und zu lesen. Noch erstaunlicher ist aber seine Auslegung zu diesem Gleichnis: Die Witwe steht für Menschen, die zu Gott rufen, dass er ihnen Recht verschafft. Der Richter – und das kratzt – steht für Gott! Wie bitte? Ein respektloser Richter als Beispiel für Gott? Man muss genau hinhören und hinschauen. Jesus stellt den Richter als ungerecht und hartherzig dar. Jesus zieht den Vergleich in dem Sinne, dass Gott diesen Richter bei weitem übertrifft: Wenn schon dieser ungerechte Richter so handelt, wie viel mehr wird dann Gott sich um das Schreien derer kümmern, dic zu ihm rufen.

Hier ist es gut, einen Moment innezuhalten. Es geht um erlittenes Unrecht. Kaum ein Mensch geht über diese Erde, ohne dass er irgendwann grösseres oder kleineres Unrecht erlebt: Verunglimpfungen, vorenthaltener Lohn nach getaner Arbeit, verweigerter Gruss, Übervorteilung bei Geschäften, üble Nachrede, Anfeindungen bis hin zu Handgreiflichkeiten etc. Um solche Dinge geht es. Wenn Dir und mir Unrecht geschieht, dann ist das für den lebendigen Gott ein Thema. Das geht nicht einfach an ihm vorbei. Er ist ein Gott, der für Recht und Gerechtigkeit steht. Die biblische Tradition geht konsequent davon aus, dass Gott

Recht schaffen wird. Die Frage ist einzig: Wann? Wird es früher oder später sein? Wird es bei manchem Unrecht erst sein, nachdem der grosse Vorhang gefallen ist?

Die Witwe steht also stellvertretend für uns, wenn wir als Gottes Söhne und Töchter ungerecht behandelt werden. Wie gehen wir mit dem Unrecht um, das uns geschehen ist? Was tun wir damit? Nun erscheint die Witwe im Gleichnis plötzlich als Vorbild. Wo wir Unrecht erleiden, sollen wir es zu Gott bringen – mit der Beharrlichkeit dieser Witwe. Immer wieder kommen. Immer wieder zu Gott rufen. Immer wieder ihn bestürmen. Tag und Nacht rufen: Gott schaffe mir Recht.

Jesus redet hier über das Beten. Er lehrt seine Jünger und uns, wie wir beten können und er betont einen Aspekt ganz besonders. Wir sollen beim Beten nicht locker lassen. Wir sollen also mit der gleichen Hartnäckigkeit, die wir hier bei dieser Witwe sehen oder zu Hause bei unseren Kindern und Grosskindern beobachten, zu Gott rufen.

Paulus hat das später in seinem Brief an die Christen in Thessalonich mit anderen Worten so zusammengefasst: *Betet ohne Unterlass!* Wie können wir das tun? Ist das überhaupt möglich? Wir wenden uns beim Beten an unseren Gott und Schöpfer. Wir gehen zur Quelle unseres Lebens, wenn wir zu Gott kommen. Er ist der Boden, der uns trägt. Er ist die Liebe, die uns hält.

Beten ohne Unterlass – das beginnt bei Gott selbst und nicht bei mir! Es beginnt bei Gottes Zusage: Ich bin bei dir! Ich bin da. Ich bin erreichbar. Ich bin ansprechbar. Ich bin der Gott, der Euch umgibt von allen Seiten. Deshalb kann und darf ich mich an ihn wenden, zu ihm rufen, in Not zu ihm schreien, in Freude ihm den Dank aussprechen, ihm mein Leid klagen. Gottes Gegenwart ist immer das Erste – unser Beten das Zweite, das aus dem Ersten folgt. Beten als Reaktion auf Gottes Gegenwart.

Beten ohne Unterlass – das meint auch: Mit Gott reden, ist nicht an bestimmte Orte oder Zeiten gebunden. Selbstverständlich wird im Gottesdienst gebetet. Das ist richtig und wichtig. Wir üben es hier für unseren Alltag ein. Unser Beten ist jedoch nicht an diese eine Stunde und auch nicht an ein bestimmtes Gebäude gebunden.

Beten ohne Unterlass meint: in meinem Alltag – dort, wo ich bin, und das, was ich tue – da ist der lebendige Gott bei mir und mit mir. Und weil das so ist, kann ich mich zu jeder Zeit an ihn wenden – mit oder ohne Worte – laut oder leise. Oder wie es kürzlich auf unserer Kirchenseite im Amtsanzeiger hiess: online mit Gott. Es kann jederzeit etwas von ihm bei mir eintreffen – ein Hinweis, ein Eindruck, ein Bibelwort, eine Aufgabe, ein Trost, eine

Ermutigung oder Ermahnung. Online mit Gott meint auf der anderen Seite: ich kann mich jederzeit – Tag und Nacht - und an jedem Ort an ihn wenden. Unser ganzer Gottesdienst mit allen Liedern, Gebeten, der Verkündigung, dem Segnungsteil ist genau dazu da, dass wir online mit Gott wieder in unseren Alltag, in die Herausforderungen unseres Lebens, in die kommende Woche hineingehen. Besonders im Segnungsteil wir uns das direkt zugesprochen!

Wir sollen Gott in den Ohren liegen, nicht locker lassen, zu ihm rufen und dabei hartnäckig sein – wie unsere Kinder – wie diese Witwe. Sind wir das? Tun wir das? Beten wir so?

AMEN!

Wenn zwei dasselbe tun

Er sagte aber zu einigen, die sich anmaßten, fromm zu sein, und verachteten die andern, dies Gleichnis: Es gingen zwei Menschen hinauf in den Tempel, um zu beten, der eine ein Pharisäer, der andere ein Zöllner. Der Pharisäer stand für sich und betete so: Ich danke dir, Gott, dass ich nicht bin wie die andern Leute, Räuber, Betrüger, Ehebrecher oder auch wie dieser Zöllner. Ich faste zweimal in der Woche und gebe den Zehnten von allem, was ich einnehme. Der Zöllner aber stand ferne, wollte auch die Augen nicht aufheben zum Himmel, sondern schlug an seine Brust und sprach: Gott, sei mir Sünder gnädig! Ich sage euch: Dieser ging gerechtfertigt hinab in sein Haus, nicht jener. Denn wer sich selbst erhöht, der wird erniedrigt werden; und wer sich selbst erniedrigt, der wird erhöht werden. (Lukas 18,9-14)

Liebe Gemeinde,

zwei Männer gehen in den Tempel von Jerusalem – daran gibt es nichts auszusetzen. Zwei Männer sind dort im Tempel angekommen, um zu beten – auch daran gibt es nichts auszusetzen. Doch so, wie die Sache mit dem Beten im Tempel herauskommt, ist es fast wie im Sprichwort: wenn zwei dasselbe tun, dann ist es nicht dasselbe!

Beide beten zwar im Tempel, aber was ihnen da über die Lippen kommt, klafft so weit auseinander wie Ost und West und ist so verschieden wie Tag und Nacht. Der Pharisäer stellt sich vorne hin – der Zöllner bleibt hinten stehen. Der Pharisäer spricht ein langes Gebet – der Zöllner ein ganz kurzes, das eher wie ein Stossgebet klingt. Der Pharisäer erzählt im Gebet, was er alles geleistet hat, was doch bei Gott irgendwie angerechnet werden müsste – seinen Leistungsausweis sozusagen. Der Zöllner gibt vor Gott eine Bankrotterklärung in Bezug auf seine bisherige Lebensführung ab. Der Pharisäer dankt Gott, dass er besser ist als andere! Für den Zöllner ist das unmöglich, weil er eben erst vor Gott seinen Bankrott in geistlichen Dingen erklärt hat. Er bittet deshalb: Gott, sei mir gnädig. Was soviel bedeutet wie: Gott, ich habe Deine Zuwendung nicht verdient. Schenke mir trotzdem Deine Liebe, Deine Zuwendung, Deine Treue, Deine Gnade - trotz meinem Versagen, meinem Fehlverhalten.

Haben wir auch schon so aus tiefsten Herzen gebetet? Gebetet aus einem zerbrochenen und verwundeten Herzen? Gebetet mit dem eigenen Versagen vor Augen? Gebetet im Wissen darum, dass wir beim lebendigen Gott keine Punkte sammeln können?

Eigentlich stellt Jesus mit dieser Geschichte fast alles auf den Kopf! Die Pharisäer waren damals eigentlich die Leute, die sich um Gott und dessen Sache kümmerten, die Bibel lasen und sich im Alltag danach richteten. Die Zöllner hingegen waren dafür bekannt, dass sie den Leuten – zur eigenen Bereicherung – mehr Geld aus der Tasche zogen, als vorgeschrieben war. Also wäre es doch eigentlich sonnenklar, wie das gemäss Gottes Massstab mit den beiden aussieht: Der Fromme bekommt die Lorbeeren aufgesetzt und den Orden angeheftet – der Zöllner, dieser Nestbeschmutzer und Halsabschneider, dem werden die Leviten gründlich gelesen, er wird angeklagt und verurteilt.

Doch hier verläuft es genau umgekehrt. Der Zöllner verhält sich richtig und der Pharisäer liegt schief! Warum denn? Was macht denn der Pharisäer verkehrt, dass er bei Gott derart ins Offside läuft?

Das Gebet des Pharisäers beginnt erfreulich und ganz im Sinne der biblischen Tradition: Gott, ich danke Dir ... Er spricht Gott als Gegenüber an. Und er dankt Gott – vollkommen richtig! Doch dann läuft es ganz schief mit dem Gebet: Er dankt Gott dafür, dass er nicht so ist wie die anderen Menschen!

Nun, ich kann mir ehrlich gesagt kaum vorstellen, dass je ein Pharisäer das genau so gebetet hat. Oder doch? Jesus macht hier etwas, was er immer wieder getan hat. Er spricht das aus, was sich in der Gedankenwelt von uns Menschen abspielt. Er spricht das aus, was sonst unausgesprochen bleibt. Er zieht den Mantel der Täuschung weg und deckt die wirklichen Beweggründe auf: Eine üble Mischung aus Arroganz, Selbstgefälligkeit und Überheblichkeit kommt da zum Vorschein.

Aber trotzdem: Die Leistungen des Pharisäers sind beachtlich! Er fastet zwei Tage pro Woche – Ich bin menschlich gesehen beeindruckt von diesem Verzicht und Engagement. Und er gibt den Zehnten von allen seinen Einkünften – eine wenig beachtete alttestamentliche Weisung. Beides, was der Pharisäer hier anführt, lässt sich biblisch begründen. Darum nochmals die Frage: Was ist denn so verkehrt am Gebet des Pharisäers?

Die Antwort darauf ist einfacher, als es im ersten Moment scheint: Was er hier betet, das ist eigentlich gar kein Gebet! Er redet ja nur über sich selbst, über seine Leistungen und darüber, dass er besser ist als der Rest der Welt. Gott bleibt bei all dem auf der Strecke. Gott bekommt die Rolle als Zuhörer anlässlich eines kleinen Vortrags. Die Anrede Gottes ist nur Tarnung und Zuckerguss. Dieses Gebet ist eine fromme Selbstbeweihräucherung. Mehr nicht!

Jesus entlarvt diesen Weg als Holzweg und lehrt uns, den Weg des Zöllners einzuschlagen. Dieser betet ganz anders. Ohne in selbstzerfleischende Details hinein zu gehen, benennt und bekennt er sein Versagen gegenüber Gott und seinen Mitmenschen. Mit seinem Gebet steht er dazu, dass sein Leben im tiefsten Grund von Gottes Erbarmen abhängig ist - und er bittet um dieses Erbarmen.

Auf welchem Weg sind wir, bist Du, bin ich? Oder anders gefragt: Wie ist mein Stuhl angeschrieben? Pharisäer oder Zöllner? Oder bin ich eine Mischung von beiden: Manchmal so, manchmal so? Wo würde mich Gott heute auf der Skala Zöllner - Pharisäer mit seinem unbestechlichen Urteil eintragen?

Wenn ich den Weg dieses Pharisäers beschreite, dann distanziere ich mich damit von den Menschen, die Gott geschaffen hat und die er liebt. Wenn ich jedoch den Weg gehe, den der Zöllner hier einschlägt, dann identifiziere ich mich mit meinen Mitmenschen, die Gott so unendlich liebt. Ich stelle mich auf dieselbe Stufe mit ihnen, weil ich tatsächlich auch auf derselben Stufe stehe. Ich bin genauso wie sie auf Gottes Erbarmen angewiesen. Ich sitze grundsätzlich im gleichen Boot wie sie.

Gott ehrt diese unbestechliche Offenheit, die im Gebet des Zöllners zum Ausdruck kommt. Er freut sich über die ausgesprochene Einsicht in die eigenen Abgründe und über das Gebet, das von Herzen um sein Erbarmen bittet. Aber Gott widersteht der Selbstüberhebung und der Arroganz, selbst wenn sie fromm verkleidet daher kommt. Er ist immer für eine Überraschung gut, weil er sich nicht vom Äusseren blenden lässt, sondern auf das Herz schaut. Wie die Bibel es an anderer Stelle sagt: Ein Mensch sieht das, was vor Augen ist, aber der HERR sieht das Herz an.

Jesus macht durch diese Geschichte vom Pharisäer und Zöllner im Tempel folgendes deutlich:

Gott ist offen für eine Beziehung zu uns. Beten ist kein Selbstgespräch, sondern ein Ausdruck dieser Beziehung zu Gott. Unser Beten hat ein unbestechliches Gegenüber: Gott selbst!

Gott lässt sich nicht von uns beeindrucken oder gar täuschen. Er sieht uns, wie wir wirklich sind. Er kennt uns durch und durch. Er lässt sich weder durch einen selbstbewussten Auftritt noch durch einen menschlich beeindruckenden Leistungsausweis noch durch ein geschliffen formuliertes Gebet blenden. Er ist an uns interessiert, wie wir wirklich sind.

Gott möchte mit uns dort anfangen, wo wir jetzt gerade stehen. Wir müssen nicht zuerst besser oder frömmer werden, damit wir dann vielleicht irgendwann einmal mit Gott in Beziehung treten dürfen. Nein! Gott möchte mit Dir und mit mir gerade jetzt dort anfangen, wo wir sind und stehen und leben. Dort vielleicht, wo wir anstehen und nicht weiterkommen. Dort, wo uns eine Enttäuschung eingeholt hat. Dort, wo wir an unseren eigenen Forderungen an uns selbst und an andere zerbrochen sind. Dort, wo uns klar wurde, wo wir an anderen Menschen und gegenüber unserem Gott versagt haben. Dann liegt die einfache Bankrotterklärung im Stil des Zöllners ganz nahe. Dann geht es einfach darum, das ungeschminkt vor Gott auszusprechen: Ja, so steht es mit mir, so sieht es bei mir aus. Und die Bitte schliesst sich nahtlos an: Gott sei mir jetzt gnädig!

Wenn wir, Du und ich, also mit der Einstellung des Zöllners zu Gott kommen und zu ihm beten, dann kommt es gut. Dann finden wir bei Gott eine offene Türe. Dann freut er sich über unser Gebet. Dann ist auch eine schwierige Vergangenheit keine Unmöglichkeit für ihn. Dann schenkt er uns seine Gnade, nicht weil wir es verdient haben, sondern weil er uns unendlich liebt.

Wir beten:

Lebendiger Gott!
Öffne uns die Augen für den Weg, den wir gehen.
Gib uns Kraft zur Umkehr von Wegen der Selbstgefälligkeit.
Zeige uns Dein Erbarmen, das wir alle brauchen.

AMEN!

Was bei den Menschen unmöglich ist

Und es fragte ihn ein Oberer und sprach: Guter Meister, was muss ich tun, damit ich das ewige Leben ererbe? Jesus aber sprach zu ihm: Was nennst du mich gut? Niemand ist gut als Gott allein. Du kennst die Gebote: »Du sollst nicht ehebrechen; du sollst nicht töten; du sollst nicht stehlen; du sollst nicht falsch Zeugnis reden; du sollst deinen Vater und deine Mutter ehren!« Er aber sprach: Das habe ich alles gehalten von Jugend auf. Als Jesus das hörte, sprach er zu ihm: Es fehlt dir noch eines. Verkaufe alles, was du hast, und gib's den Armen, so wirst du einen Schatz im Himmel haben, und komm und folge mir nach! Als er das aber hörte, wurde er traurig; denn er war sehr reich.
Als aber Jesus sah, dass er traurig geworden war, sprach er: Wie schwer kommen die Reichen in das Reich Gottes! Denn es ist leichter, dass ein Kamel durch ein Nadelöhr gehe, als dass ein Reicher in das Reich Gottes komme. Da sprachen, die das hörten: Wer kann dann selig werden? Er aber sprach: Was bei den Menschen unmöglich ist, das ist bei Gott möglich.
(Lukas 18,18-27)

Liebe Gemeinde,

Wilma Rudolph – kennt Ihr Wilma Rudolph? Sie kam als zwanzigstes Kind eines schwarzen Gepäckträgers bei der Eisenbahn und einer Hausangestellten am 23. Juni 1940 in Tennessee zur Welt. Die Familie war so arm, dass die Mutter aus alten Mehlsäcken Kleider für Wilma nähen musste. Als tiefgläubige Menschen fanden sie ihren Halt im christlichen Glauben und im Leben einer farbigen Kirchgemeinde vor Ort. Im Alter von vier Jahren erkrankte die ohnehin schon kränkliche Wilma an Kinderlähmung mit der Folge, dass ihr linkes Bein gelähmt blieb. Die regelmässige Physiotherapie einmal pro Woche – wegen der damaligen Rassentrennung im 50 Meilen entfernten Nashville – war für Mutter und Tochter aufreibend. In der Schule wurde Wilma wegen ihrer Behinderung zunächst abgelehnt und ausgegrenzt. Nach jahrelanger Physiotherapie und speziellen Massagen, die Mutter und Geschwister mehrmals täglich anwenden mussten, konnte Wilma im Alter von 12 Jahren schliesslich wieder normal gehen, ohne auf Krücken und Spezialschuhe angewiesen zu sein.

Dann nahm ihr Leben eine erstaunliche Wendung: Sie begann Basketball zu spielen und trainierte zum Ausgleich Leichtathletik (Kurz- und Langstreckenlauf). Durch ihre Erfolge erhielt sie mit 15 Jahren ein Sportstipendium und qualifizierte sich mit 16 Jahren für die Sprintstaffel der USA an der Olympiade in Melbourne 1956, wo sie Bronze gewann. An der Olympiade in Rom 1960 gewann sie Goldmedaillen in allen drei Kurzdisziplinen. Sie brach diverse Weltrekorde, beendete 1962 ihre sportliche Karriere und wurde Sportlehrerin. Am 12. November 1994 starb Wilma Rudolph an einem Gehirntumor.

Was für eine Geschichte! Ein Mädchen aus einer benachteiligten Familie – ein Mädchen mit Kinderlähmung – wird die schnellste Läuferin ihrer Zeit: Olympiasiegerin und Weltrekordhalterin! Zudem wurde sie zum Vorbild für viele Farbige in der Bürgerrechtsbewegung. Was für eine Geschichte! Und eine eindrückliche Illustration für unsere Jahreslosung:

Was bei den Menschen unmöglich ist, das ist bei Gott möglich.

Immer wieder war dieses Jesus-Wort für Frauen und Männer ein Kraftspender, zu hoffen und zu glauben und zu vertrauen und zu lieben – gegen den Augenschein, gegen den Trend, gegen die Mehrheitsmeinung, in Ausweglosigkeit, ja sogar in Verzweiflung. Trotzig zu sagen und zu beten: Gott, bei Dir ist möglich, was uns Menschen unmöglich scheint. Du kannst Türen öffnen, die verriegelt sind. Du kannst einen Weg bahnen, wo wir keinen sehen. Du kannst Herzen erweichen, die verhärtet sind. Dir traue ich es zu. Ich hoffe auf Dich. Ich vertraue Dir.

Das allein wäre schon starke Kost, wenn wir mit solchem Glauben, solcher Liebe und solcher Hoffnung ins neue Kalenderjahr gingen – gerüstet mit diesem Jesus-Wort. Doch wenn wir den Zusammenhang beachten, was bei Bibelworten ja grundsätzlich empfehlenswert und notwändig ist, dann wird diese starke Kost noch stärker und die Herausforderung noch grösser. Der Zusammenhang macht deutlich, dass es Jesus hier um mindestens drei Dinge geht:

1. Es geht um Leben

Die Frage des „reichen Jünglings" lässt uns aufhorchen: Guter Meister, was muß ich tun, damit ich das ewige Leben ererbe? Es geht darum, was wirklich zählt und bleibt. Es geht um Leben, das nicht mit unserem irdischen Tod endet. Es geht um ewiges Leben - Leben, das von Gott und von seiner Ewigkeit her getragen und gefüllt ist. Es geht um Leben, das nicht aufhört, wenn unsere Tage hier in dieser Welt abgelaufen sind. Es geht letztlich um erfülltes, um sinnvolles Leben mit Ewigkeits-Perspektive, weil es über unsere Begrenzung und Vergänglichkeit hinausweist. Danach wird Jesus hier gefragt.

Und Jesus beantwortet diese Frage – für uns vielleicht überraschend - mit dem Hinweis auf die Zehn Gebote, präziser mit den Geboten der zweiten Tafel, die sich auf unser Verhalten gegenüber unseren Mitmenschen beziehen. Diese Gebote sind eine Anleitung zu sinnvollem Leben! Auch wir sind eingeladen, sie ernst zu nehmen und ganz konkret im Alltäglichen zu befolgen.

2. Es geht um Besitz

Jesus trifft sein Gegenüber – wie so oft in den Evangelien – an der wunden Stelle. Dort, wo es schmerzt. Dort, wo die Prioritäten schief liegen. Dort, wo Beziehungen im Argen sind. Dort legt Jesus seinen Finger drauf. Der Erlöser der Welt ist ein unbequemer Erlöser.

Die biblische Tradition ist nicht grundsätzlich gegen Reichtum oder Besitz. Aber mit nicht zu überbietender Deutlichkeit werden die Menschen damals und wir heute auf Grenzen und Gefahren in diesem Zusammenhang aufmerksam gemacht. Natürlich trifft uns das, weil wir mit genug Nahrung, mit ausreichend Kleidung, mit einem Dach über dem Kopf und mit einem Bett zum Schlafen und mit einigen zusätzlichen Extras (wie etwa Auto oder Ferien) weltweit gesehen bereits zu den Superreichen gehören – ob uns das gefällt oder nicht. Dass wir in der Gold-Bilanz noch Reichere finden, hilft uns nicht aus dem Schneider!

Jesus konfrontiert in dieser Geschichte aus dem Lukasevangelium diesen einen Menschen, diesen reichen Jüngling mit der unbequemen Frage nach seinem Verhältnis zu Besitz und Reichtum. Wirkliches Leben, sinnvolles Leben, Leben mit Ewigkeitsperspektive will auch diesen Bereich durchdringen. Biblisch gesehen sind wir nicht wirklich Besitzer, sondern nur Verwalter. Es geht darum, dass wir das, was uns anvertraut ist, sinnvoll einsetzen, brauchen und teilen.

Woran Du nun Dein Herz hängst und worauf Du Dich verlässt, das ist eigentlich Dein Gott. So hat der Reformator Martin Luther unsere Gefährdung auf den Punkt gebracht: Wir hängen unser Herz an Dinge, die unser Leben gar nicht wirklich tragen können. Diese Dinge werden zu Götzen im eigenen Leben – sie nehmen den Platz ein, der eigentlich Gott zusteht. Wer von uns würde ernsthaft bestreiten wollen, dass gerade Besitz und Reichtum sich als Götzen in unseren westlichen Gesellschaften grosser Verehrung erfreuen? Mein Eindruck ist: Dieser Götze ist wirklich sehr präsent bei uns – etwa in der Werbung für Millionenlose – etwa in Abzockerei und Lohnexzessen – oder etwa präsent im Neid gegenüber noch Reicheren - präsenter als uns lieb ist – präsenter, als wir es in der Regel zugeben. Jesus macht hier mit aller Deutlichkeit auf diese Gefährdung aufmerksam. Hören wir es?

3. Es geht um Rettung

Als aber Jesus sah, dass er traurig geworden war, sprach er: Wie schwer kommen die Reichen in das Reich Gottes! Denn es ist leichter, dass ein Kamel durch ein Nadelöhr gehe, als dass ein Reicher in das Reich Gottes komme. Da sprachen, die das hörten: Wer kann dann selig werden? Er aber sprach: Was bei den Menschen unmöglich ist, das ist bei Gott möglich.

Mit anderen Worten: Es ist keine Selbstverständlichkeit, wenn Menschen und wenn insbesondere reiche Menschen den Weg ins Gottesreich finden. Das passiert nicht einfach so, es geschieht nicht automatisch. Und dann dieses sprichwörtliche Bild vom Kamel, das durchs Nadelöhr geht. Etwas, das uns auch mit viel Phantasie schlicht unmöglich scheint. Etwas, das wohl auch mittels atemberaubendster Akrobatik nicht gelingen will. Kein Wunder, dass die Zuhörer erschrecken: Wer kann dann überhaupt gerettet werden und in Gottes Reich eingehen?

Hier berühren wir den Kern des Evangeliums! Gottes Heil finden – Gottes Erlöser erkennen – in Gottes Reich eingehen – das ist nichts, was wir aus uns selbst heraus erreichen können. Das ist nichts, was in unserer Reichweite, in unseren menschlichen Möglichkeiten liegt und sich durch eigene Anstrengung erreichen lässt. Es ist Gottes Geschenk! Es ist Gottes Gnade! Es ist Gottes Erbarmen!

Wir sind eingeladen, damit ins neue Jahr zu gehen. Im Blick auf sinnerfülltes Leben, das jetzt schon beginnt und doch über diese Zeit und Welt hinausweist. Im Blick auf das, was mir und meinen Lieben an Gütern anvertraut ist und meinen Umgang damit. Im Blick auf das Heil, das ich nicht durch eigene Anstrengung verdienen kann - gilt dieses unbequeme Jesus-Wort der Jahreslosung: Was bei den Menschen unmöglich ist, das ist bei Gott möglich. Möge das unseren Glauben, unsere Liebe und unsere Hoffnung beflügeln.

AMEN!

Vom Nehmen zum Geben

Und er ging nach Jericho hinein und zog hindurch. Und siehe, da war ein Mann mit Namen Zachäus, der war ein Oberer der Zöllner und war reich. Und er begehrte, Jesus zu sehen, wer er wäre, und konnte es nicht wegen der Menge; denn er war klein von Gestalt. Und er lief voraus und stieg auf einen Maulbeerbaum, um ihn zu sehen; denn dort sollte er durchkommen. Und als Jesus an die Stelle kam, sah er auf und sprach zu ihm: Zachäus, steig eilends herunter; denn ich muss heute in deinem Haus einkehren. Und er stieg eilend herunter und nahm ihn auf mit Freuden. Als sie das sahen, murrten sie alle und sprachen: Bei einem Sünder ist er eingekehrt. Zachäus aber trat vor den Herrn und sprach: Siehe, Herr, die Hälfte von meinem Besitz gebe ich den Armen und wenn ich jemanden betrogen habe, so gebe ich es vierfach zurück. Jesus aber sprach zu ihm: Heute ist diesem Hause Heil widerfahren, denn auch er ist Abrahams Sohn. Denn der Menschensohn ist gekommen, zu suchen und selig zu machen, was verloren ist. (Lukas 19,1-10)

Liebe Gemeinde,

wieder eine dieser Schlüssel-Geschichten in der Bibel mit einem Baum – hier mit einem Maulbeerbaum. Heute gibt es zwölf verschiedene Arten von Maulbeerbäumen – drei davon in Europa. Sie sind sommergrüne Bäume, die eine Wuchshöhe von 6 bis 15 Meter erreichen.

Der Mann auf dem Maulbeerbaum – so könnte man diese Geschichte überschreiben. Zachäus heisst der Mann, der auf diesem Maulbeerbaum hockt. Der Baum steht in der alten Stadt Jericho – einer Stadt der Reichen und Schönen zu der Zeit, in der diese Geschichte spielt – einer Stadt, die unter Forschern als älteste Stadt der Menschheit überhaupt gilt. Nun ist es ja nicht der Normalfall, dass Männer auf Bäumen hocken. Das hat immer eine ganz besondere Bewandtnis. Um das Szenario zu verstehen, müssen wir uns Zachäus näher anschauen.

Zachäus ist kein unbeschriebenes Blatt – im Gegenteil. Man kennt ihn gut in Jericho. Er ist berühmt-berüchtigt. Er ist der Chef-Zöllner, der oberste Steuereintreiber. Damals existierte ein kurioses Abgabensystem. Der Staat verkaufte sozusagen das Steuer- und Zollrecht über ein bestimmtes Gebiet an eine Person – und diese Person verkaufte Teile davon weiter. Der Staat kassierte also im Voraus – der entsprechende Chef-Zöllner musste seinerseits dann schauen, wie er zu seinem Geld kam. Natürlich wollte er ein Geschäft machen – wollte mehr einnehmen, als er dem Staat bereits bezahlt hatte. Sonst hätte er ja nicht zum Voraus bezahlt. Damit war dem Missbrauch Tür und Tor geöffnet. Es war ein Leichtes, mehr zu kassieren, als eigentlich gedacht war. Man kann sich also vorstellen, welchen Ruf die Zöllner hatten! Sie waren die Abzocker von damals und dementsprechend verhasst.

Zachäus ist nicht nur Chef-Zöllner - er ist auch reich, sehr reich sogar. Woher dieser Reichtum stammt, können wir uns nun bestens vorstellen. Und: Er ist klein – Kleidergrösse S oder XS. Seine Körpergrösse, seine Statur versperrt ihm den Blick auf das Geschehen. Ärgerlich! Jesus kommt nach Jericho, zieht durch Jericho hindurch auf seinem Weg nach Jerusalem, wo Palmsonntag, Karfreitag und Ostern auf ihn warten. Es ist nun also Zachäus` dringlicher Wunsch, ihn zu sehen, diesen Jesus, von dem alle reden. Er will ihn sehen, aber es geht nicht aufgrund seiner Körpergrösse. Es geht ihm, wie es Kindern oft geht. Wir Eltern nehmen sie dann auf die Schultern, damit sie etwas sehen, vom Eisbär im Zoo oder vom Radrennen. Zachäus aber ist schon erwachsen, er muss sich etwas anderes einfallen lassen. Also eilt er voraus und klettert auf diesen Maulbeerbaum. Dort hat er einen Platz mit bester Aussicht!

Halten wir dieses Bild einen Moment lang fest – Chef-Zöllner Zachäus oben auf dem Maulbeerbaum. Exponiert er sich da nicht allzu stark? Ist das nicht peinlich da oben auf dem Baum – für alle so gut sichtbar? Macht er sich damit nicht lächerlich? Es ist ganz offenkundig: Er will Jesus unbedingt sehen – und dafür riskiert er einiges.

Nun ist es endlich soweit: Jesus erreicht den Maulbeerbaum, auf dem Zachäus sitzt. Trotz diesen vielen Leuten sieht Jesus den einzelnen Menschen. Es ist sein Markenzeichen. Und als Jesus an die Stelle kam, sah er auf und sprach zu ihm: Zachäus, steig eilends herunter; denn ich muss heute in deinem Haus einkehren.

Zachäus wollte Zuschauer sein – nun wird daraus plötzlich mehr, viel mehr. Zachäus wollte Jesus sehen – nun sieht Jesus ihn und spricht ihn sogar direkt an. Jesus will bei Zachäus einkehren, will sein Gast sein. Zachäus wird vom Zuschauer zum Gastgeber.

Liebe Gemeinde,

Wie kommt ein Mensch zum Glauben? Wie kommt ein Mensch dazu, dem lebendigen Gott und Jesus Christus, diesem Immanuel, dem Gott-mit-uns, zu vertrauen? Was passiert mit einem Menschen, wenn er Jesus begegnet? Genau darum geht es in dieser Geschichte! Das wird uns hier wird ganz konkret und anschaulich an diesem Abzocker Zachäus gezeigt:

Teil 1: Zachäus will Jesus sehen.
Teil 2: Er riskiert einiges, um Jesus zu sehen.
Teil 3: Jesus spricht ihn direkt an – und zwar mit Namen.
Teil 4: Jesus fordert ihn auf „Steig` herab!“ – mit anderen Worten: 'Raus aus der Zuschauerrolle.
Teil 5: Jesus will bei Zachäus einkehren und Zachäus nimmt ihn auf als Gast.
Teil 6: Zachäus wird zu einem, der gibt.

Was geschieht, wenn es bei Zachäus, bei Dir, bei mir konkret wird mit dem Glauben?

Glaube heisst: Ich gehe raus aus dieser Zuschauerrolle. Ich steige vom Logenplatz herunter. Ich lasse mich auf diesen Gott-mit-uns, auf Jesus ein. Die Zuschauerrolle ist nicht einfach schlecht, aber es ist noch nicht Glaube. Hockst Du noch auf dem Baum?

Glaube heisst: Ich nehme Jesus bei mir auf. Ich öffne ihm Haus und Herz. Ich öffne ihm Leib und Leben. Jesus soll da reinkommen, wo ich lebe. Jesus soll reinkommen in meinen Lebensraum, in mein Lebenshaus. Jesus soll reinkommen in Familie und Beziehungen, in Beruf und Hobby, in mein ganzes Leben. Machst Du ihm Deine Türe auf?

Glaube heisst: Ich werde zu einem Menschen, der gibt. „Geben ist seliger denn nehmen.“ (Jesus-Wort in Apg. 20,35) Zachäus hatte ein ganz anderes Lebens-Muster drauf – als Chef-Zöllner sowieso. Sein Muster lautete: Nehmen! Was kann ich nehmen? Wo kann ich etwas holen? Wie kann ich mehr einnehmen – mehr holen? Was bringt mir das? Und jetzt, als Jesus bei ihm einkehrt – jetzt, da mit Jesus Heil in sein Haus und Leben kommt – jetzt sehen wir plötzlich ein anderes Lebens-Muster! Er wird von einem, der nimmt, zu einem, der gibt!

Zachäus aber trat vor den Herrn und sprach: Siehe, Herr, die Hälfte von meinem Besitz gebe ich den Armen, und wenn ich jemanden betrogen habe, so gebe ich es vierfach zurück. Jesus aber sprach zu ihm: Heute ist diesem Hause Heil widerfahren, denn auch er ist Abrahams Sohn. Denn der Menschensohn ist gekommen, zu suchen und selig zu machen, was verloren ist.

Ich finde das verrückt: Die Hälfte weggeben! Ich finde das verrückt: Vierfache Rückerstattung an Betrogene! (Und vermutlich gab es bei Zachäus einige, auf die das zutraf.) Aber wisst ihr, was ich das Verrückteste finde? Jesus hat ihm gar keine Moralpredigt gehalten! Jesus hat ihn gar nicht dazu aufgefordert, die oben genannten Schritte zu tun! Jesus hat kein Feuer und Schwefel aufgeboten und ihm auch nicht die Hölle heiss gemacht! Das Geben kommt von innen heraus. Das Geben ist eine Frucht des Glaubens.

Ich fasse zusammen: Jesus begegnet Zachäus. Der steigt vom Baum runter, nimmt ihn auf und wird vom „Nehmer“ zum „Geber“. So könnte ich fragen: Hockst Du noch – oder glaubst Du schon? Ist der Gott-mit-uns noch „draussen vor der Tür“ – oder schon drin in Deinem Haus? Nimmst Du noch – oder gibst Du schon? Die Liebe Gottes hat in der Person von Jesus, dem Gott-mit-uns, Jericho erreicht, den Chef-Zöllner Zachäus erreicht, sein Haus erreicht, sein Herz erreicht. Er, der immer genommen hat, wird zu einem, der gibt. Er, der zuschauen wollte, wird zu einem, der glaubt. Er wird zu einem erlösten und befreiten Menschen. Das ist der Glaube, der mit Jesus kommt. Glaubst Du auch?

AMEN!

Kann der Glaube aufhören?

Jesus Christus spricht: Ich habe für dich gebeten, dass dein Glaube nicht aufhöre. (Lukas 22,32)

Liebe Gemeinde,

Kann der Glaube aufhören? Kann der Glaube Schiffbruch erleiden und aufhören? Kann unser Glaube zerbrechen in den Stürmen des Lebens? Das ist eine Frage, die in der Losung für das angebrochene Jahr angesprochen wird. Diese Losung ist ein kurzer Satz aus dem Evangelium. Ein Satz, den Jesus ausspricht hat. Ein Satz, der uns zu kauen, aber auch zu verdauen gibt, wenn wir ihn „essen" – wie uns der Prophet Hesekiel aus dem Alten Testament für Worte aus der heiligen Schrift empfiehlt. Ein knorriges und sperriges Wort, weil es uns ins Nachdenken bringt. Aber ein Wort von Jesus. Und er selbst sagt über seine Worte das steile Wort: Himmel und Erde werden vergehen, aber meine Worte werden nicht vergehen. (Matthäus 24,35).

Mit wem redet hier Jesus, wenn er sagt: Ich habe für dich gebeten, dass dein Glaube nicht aufhöre. Wer ist mit diesem Wort angesprochen und gemeint? Der Zusammenhang zeigt uns, dass dieses Wort an einen Jesusjünger gerichtet ist. Es gilt Simon Petrus. Er hat das zuerst gehört. Er wurde zuerst damit angesprochen. Er wurde zuerst damit ermutigt.

Simon Petrus, der von seinen Fischernetzen weg in die Nachfolge von Jesus gerufen worden war. Simon Petrus, der als Jünger von Jesus zum innersten Kern der Jüngergruppe gehörte. Simon Petrus, der dabei war bei dem, was Jesus getan und gesagt hat, unterwegs mit seinem Meister bis zur Passion. Er ist hier angesprochen.

Simon Petrus ist wahrscheinlich mein Lieblingsjünger unter den Zwölf. Weshalb? Weil er so menschlich ist! Die Evangelien liefern uns unzählige Beispiele dafür. Er war Jünger von Jesus und so herrlich normal. Die Evangelien liefern uns Worte von ihm, in denen er den Nagel auf den Kopf traf:
„ … aber auf dein Wort will ich das Netz auswerfen …" (Lukas 5,5)
„Herr, gehe von mir weg. Ich bin ein sündiger Mensch." (Lukas 5,8)
„Du bist Christus, des lebendigen Gottes Sohn!" (Matthäus 16,16)

Höhepunkte und Volltreffer. Aber daneben stehen auch die Beispiele aus den Evangelien, in denen er voll daneben lag. Und die Gelegenheiten, bei denen Jesus ihn sogar scharf korrigieren musste. So macht uns das Beispiel von Petrus im Evangelium immer auch Mut.

Wenn wir unterwegs sind im Glauben und in der Nachfolge von Jesus, dann liegen wir manchmal genau richtig und manchmal voll daneben. Und trotzdem ist der Meister bei uns.

Simon Petrus ist ein zupackender Mensch. Er packt zu, aber manchmal zur falschen Zeit oder mit den falschen Mitteln. Aber das müssen wir ihm zu gut halten: Er packt an! Er ist ein Pragmatiker. Er möchte etwas tun. Er ist impulsiv. Er handelt aus der Situation und aus dem Bauch heraus. Er ist darum auch unberechenbar. Er ist öfter mit dem Mund schneller als mit dem Kopf. Aber in all dem ist und bleibt er ein Jünger von Jesus. Und ihm gilt nun genau dieses mutmachende Wort, das Jesus gesagt hat: Ich habe für dich gebeten, dass dein Glaube nicht aufhöre. Ich habe für Dich gebeten! Merken wir das? Wer betet denn hier für wen? Wir denken doch beim Beten an uns. Wir sollten beten – und öfter verpassen wir die Gelegenheit – und tun es nicht. Jesus tut es. Er betet. Er betet für Petrus. Ich war überrascht, als ich das hier las.

Jesus betet für Petrus, betet für seinen Jünger, betet für diesen einen Menschen, der ihm nachfolgt. Sehen wir diese zwei Tatsachen auch? Unser Glaube, der keine Selbstverständlichkeit ist – und Jesus, der für uns einsteht und für uns betet? Sehen wir Jesus als Heiland, der für den Menschen betet, den er heil machen will? Sehen wir Jesus als Erlöser, der für einen Menschen betet, den er mit seiner Erlösung prägen will? Sehen wir ihn als den Befreier, der für einen Menschen betet, den er freisetzen will? Ist das unsere Vorstellung, die wir von Jesus haben? Einer, der für uns einsteht? Einer, der für uns kämpft? Einer, der für uns betet?

Ich bin überrascht, das hier zu lesen. Natürlich weiss ich aus den Evangelien: Jesus hat gebetet. Er hat sich in der Frühe jeweils aufgemacht, sich zurückgezogen, um zu beten! Manchmal frage ich mich, ob er das als menschgewordener Gott, als Sohn des Höchsten überhaupt nötig hatte. Aber er betete. Vielleicht tat er dies, um uns Vorbild zu sein, um uns Orientierung zu geben. Hier in dieser Jahreslosung erhalten wir Einblick in seine Gebete. Er betete für andere, für seine Jünger, für Petrus. Er hatte offensichtlich Übung in dem, was wir heute Fürbitte nennen. Mich beeindruckt das: Jesus betet für die ihm anvertrauten Menschen. Tun wir das auch?

Ich habe für dich gebeten, dass dein Glaube nicht aufhöre. Aufhören? Kann der Glaube denn aufhören? Ja, sicher! Es gibt die Möglichkeit, dass unser Glaube an den Mensch gewordenen Gott, an den Gekreuzigten und Auferstandenen, an den Erlöser und Befreier schlichtweg aufhört. Was Jesus sagt, wäre ohne Sinn, gäbe es diese Möglichkeit nicht. Ob es uns gefällt oder nicht: Ja, unser Glaube kann aufhören! Das irritiert uns. Aber es holt uns auch auf den Boden. Es gibt diese Möglichkeit, dass mein Glaube an den dreieinigen Gott aufhört.

Kennt Ihr sie auch? Diese Geschichten von Menschen, deren Glaube aufgehört hat? Die von sich sagen: Ich habe den Glauben verloren? Ich kann nicht mehr glauben? Ich habe zu viel gesehen und gedacht und erlebt? Ich kenne nicht nur Geschichten von Menschen, deren Glaube an Jesus angefangen hat, sondern leider auch Geschichten von anderen Menschen, deren Glaube Schiffbruch erlitten hat. Die Gründe, die ich jeweils dazu höre, sind vielfältig, immer individuell und ich versuche stets, genau hinzuhören:

- Eine persönliche Krise, die alles durcheinander brachte und jegliche Ordnung auf den Kopf stellte
- Eine unheilbare Krankheit, die aus scheinbar heiterem Himmel über einen Menschen hereinbrach
- Irritierende Erfahrungen mit anderen Christen
- Unerfüllbare Forderungen christlicher Gemeinschaften, an denen jemand zerbrach, weil es einfach immer zu wenig ist, was er oder sie leistete
- Persönliche Katastrophen wie Arbeitslosigkeit oder das Scheitern einer Beziehung, die doch der Himmel auf Erden hätte sein sollen
- Globale Katastrophen wie dieser schreckliche Tsunami in Asien, die wir nicht einordnen können und die uns mit ihrem unermesslichen Leid schlicht überfordern

Ehrlicherweise müssen wir aber auch dazu sagen, dass alle diese Erfahrungen und Gedanken nicht zwingend zum Aufhören des Glaubens führen. Es gibt unzählige Beispiele von Christinnen und Christen in Geschichte und Gegenwart, die gerade durch Krisen, durch Leid, durch unbeantwortete Fragen, durch Not und Angst in ihrem Glauben geläutert und gestärkt wurden. Aber Jesus nennt in seiner realistischen und unbestechlichen Art auch diese Möglichkeit: Dein Glaube kann aufhören. Er kann in die Krise kommen. Und die Krise ist Chance und Gefahr zugleich. Es kann auf beide Seiten kippen.

Ich habe für dich gebeten, dass dein Glaube nicht aufhöre. Wenn dieses Wort, das Jesus hier dem Petrus sagt, wirklich stimmt, dann müssen wir unsere Einstellung zum Glauben revidieren! Wir denken beim Glauben zu oft an unseren Anteil an uns: Wir glauben. Glaube als etwas, das wir tun und leisten. Hier aber wir uns etwas ganz Anderes gezeigt: Glaube als Vertrauen, das von dem lebt, was Jesus tut. Glaube nicht als Leistung von uns. Sondern Glaube als Geschenk Gottes. Glaube als etwas, das Gott selbst in uns wirkt.

Wenn wir doch so glauben könnten! Wie oft irren wir uns, wenn wir den Glauben uns selbst zuschreiben. In der Bibel wird genau das Gegenteil gesagt. Der Glaube ist nicht ein Werk des Menschen, sondern ein Werk von Gott. Wir können gar nicht glauben, ohne dass Gott an uns handelt und wirkt. Wir können gar nicht glauben, wenn Gott nicht selbst den Glauben in uns weckt. Wir sind – auch im Glauben – von Gott abhängig.

Glaube meint Vertrauen: Ich vertraue dem lebendigen Gott, dem Schöpfer, dem Erlöser und dem Tröster. Ich vertraue ihm mein Leben an. Ich vertraue ihm mit allem, was ich bin und habe. Alle von uns, die wir das von ganzem Herzen leben möchten, können auch ein Lied von den Schwierigkeiten singen, die damit verbunden sind, dieses Vertrauen zu Gott zu leben. Wir können es nicht einfach so aus uns selber. Gott selber muss unseren Glauben wecken, stärken und nähren.

Genau deshalb spielt auch die Verkündigung eine zentrale Rolle im christlichen Glauben. Es geht bei der Verkündigung nicht um einen bekannten oder weniger bekannten Menschen, der uns seine persönlichen Ergüsse weitergibt. Sondern es geht um das Wort Gottes, das uns in der biblischen Tradition anvertraut ist, das immer wieder neu in der Verkündigung zu uns kommt und in uns diesen Glauben weckt. Der Apostel Paulus sagt es so: So kommt der Glaube aus der Predigt, das Predigen aber durch das Wort Christi. (Römer 10,17)

Mit anderen Worten: Ob uns das gefällt oder nicht. Wir sind in unserem Glauben abhängig davon, dass andere Menschen uns das Evangelium verkündigen und weitergeben. Unser Glaube kann nicht leben, ohne dass wir das zulassen.

Ich habe für dich gebeten, dass Dein Glaube nicht aufhöre. Das Beispiel der Christen in Ruanda ist für mich in dieser Hinsicht eine grosse Herausforderung. Im Jahr 1994 war dort dieser schreckliche Völkermord, der etwa einer Million Menschen das Leben kostete. Wir hätten volles Verständnis dafür, wenn der Glaube an solchen Ereignissen zerbricht. Doch der Glaube hörte nicht auf – im Gegenteil. Ein Dokumentarfilm von Tom Sommer zeigt eindrücklich Beispiele von Versöhnung, die aus dem Evangelium kommt. Mörder haben sich mit Angehörigen von Opfern versöhnt, bauen gemeinsam Häuser, verkünden zusammen das Evangelium. Ein Beispiel in diesem Film stellte alles in den Schatten: ein Mann, der 14 Familiengehörige durch Mord verloren hat, geht gemeinsam in die Dörfer und verkündigt das Evangelium von der Versöhnung durch Jesus – gemeinsam mit dem Mann, der diese 14 Morde verübt hat. Was soll man dazu sagen? Menschlich betrachtet unmöglich. Doch der Glaube ist in dieser schweren Prüfung nicht zerbrochen. Im Gegenteil!

Ich habe für dich gebeten, dass dein Glaube nicht aufhöre. Petrus steht vor einer wichtigen Zeit. Er erlebt jetzt die Passion von Jesus. Er erlebt, wie sein Herr und Meister geschlagen, verspottet und gekreuzigt wird. Sein Vertrauen zu Jesus, sein Glaube könnte gerade in dieser schwierigen Zeit Schiffbruch erleiden. Es ist nicht zum vornherein klar, dass sein Glaube diese Tage unbeschadet überstehen wird. Petrus ist zwar zu diesem Zeitpunkt noch immer der Meinung, dass er selbst mit Jesus ins Gefängnis und sogar in den Tod gehen würde. Er spricht sogar diese ungeheure Selbstüberschätzung sogar aus und wir können sie noch heute im Evangelium nachlesen (Lukas 22,33). Die Realität ist anders: Kurz nach seinem großspurigen Auftreten und seinem vollmundigen Versprechen wird er sogar bestreiten, Jesus überhaupt zu kennen! So schnell können eigene Illusionen zerbrechen. So real ist die Möglichkeit menschlichen Versagens, vor denen nicht einmal Jünger von Jesus verschont bleiben. Aber hier kommt jetzt genau dieses Wort und das müssen wir hören:

Ich habe für dich gebeten, dass dein Glaube nicht aufhöre. Hören wir es? Dein Versagen, deine Wankelmütigkeit, dein Scheitern ist nicht das Letzte. Da ist der Erlöser, der für Dich betet, dass Dein Glaube nicht aufhöre, dass Dein Vertrauen zu ihm nicht zerbricht. Das müssen wir hören! Das soll uns begleiten in den Herausforderungen des neuen Jahres.

AMEN!

Karfreitag

Und es war schon um die sechste Stunde, und es kam eine Finsternis über das ganze Land bis zur neunten Stunde, und die Sonne verlor ihren Schein, und der Vorhang des Tempels riss mitten entzwei. Und Jesus rief laut: Vater, in deine Hände befehle ich meinen Geist! Und als er das gesagt hatte, verschied er. Als aber der Hauptmann sah, was da geschah, pries er Gott und sprach: Fürwahr, dieser ist ein frommer Mensch gewesen! Und als alles Volk, das dabei war und zuschaute, sah, was da geschah, schlugen sie sich an ihre Brust und kehrten wieder um. Es standen aber alle seine Bekannten von ferne, auch die Frauen, die ihm aus Galiläa nachgefolgt waren, und sahen das alles. Und siehe, da war ein Mann mit Namen Josef, ein Ratsherr, der war ein guter, frommer Mann und hatte ihren Rat und ihr Handeln nicht gebilligt. Er war aus Arimathäa, einer Stadt der Juden, und wartete auf das Reich Gottes. Der ging zu Pilatus und bat um den Leib Jesu und nahm ihn ab, wickelte ihn in ein Leinentuch und legte ihn in ein Felsengrab, in dem noch nie jemand gelegen hatte. Und es war Rüsttag und der Sabbat brach an. Es folgten aber die Frauen nach, die mit ihm gekommen waren aus Galiläa, und beschauten das Grab und wie sein Leib hineingelegt wurde. Sie kehrten aber um und bereiteten wohlriechende Öle und Salben. Und den Sabbat über ruhten sie nach dem Gesetz. (Lukas 23,44-56)

Liebe Gemeinde,

Das ist Karfreitag! Jesus, der – obwohl unschuldig – wie ein Verbrecher verurteilt und hingerichtet wird. Seine Kleider, sein letzter Besitz, werden ihm genommen und verteilt. Jesus wird ausgelacht, verspottet, verhöhnt. Er wird ans Kreuz geschlagen, erleidet unsägliche körperliche und seelische Schmerzen.

Das ist Karfreitag! Tiefste Dunkelheit. Gott wird Mensch in Jesus, wird ganz einer von uns, kennt unseren tiefsten Schmerz, unsere tiefste Einsamkeit, unsere Dunkelheit. Er erleidet das selber und weiss darum, wie es wirklich ist. Das sagt uns das Kreuz von Jesus: Du bist nicht allein. Da ist Jesus, der Gekreuzigte. Er kennt all Deinen Schmerz, Deine Einsamkeit, Deine Dunkelheit. Dieser Gott, der in Jesus ganz Mensch wird, ist mit Dir in all dem. Er lässt Dich nicht allein in Schmerz, Einsamkeit und Dunkelheit.

Das ist Karfreitag! Der Vorhang im Tempel, der das Allerheiligste abtrennt, reisst entzwei. Die Symbolik ist stark. Aufgrund dessen, was da am Kreuz geschieht, ist der Zugang zum lebendigen Gott offen und frei. Wir brauchen keine vermittelnde Priesterschaft mehr, die zwischen uns und Gott steht. Jeder Glaubende ist nun selbst ein Priester, der zu Gott direkten Zugang hat beim Beten.

Das ist Karfreitag! Was da am Kreuz geschieht, erschüttert den Kosmos (Finsternis), das religiöse Leben (Vorhang im Tempel) und die Beobachter. Es erschüttert sogar den hartgesottenen römischen Hauptmann.

Das ist Karfreitag! Jetzt nach dem Tod von Jesus tritt ein Einzelner aus der Masse heraus und bekennt Farbe. Josef von Arimathäa wagt es, sich zu exponieren und gegen den Strom zu schwimmen. Er verweigert sich der Anpassung, wo es gegen seine innerste Überzeugung geht.

Auf den ersten Blick ist es unscheinbar, was Josef hier tut. Er geht zum römischen Statthalter Pontius Pilatus und bittet ihn um den Leichnam von Jesus. Dann nimmt er ihn unter Mithilfe von Dritten persönlich vom Kreuz. Man muss hier einen Moment innehalten und überlegen, was das heisst, den geschundenen Körper eines Gekreuzigten vom Kreuz zu nehmen. Was für eine Anstrengung! Was für eine Arbeit! Was für eine Liebe bringt er dadurch zum Ausdruck, dass er all dies freiwillig tut! Josef legt ihn in ein Leinentuch und bringt ihn in ein frisches Felsengrab. Er will, dass Jesus ein würdiges Begräbnis bekommt, wenn er schon so unwürdig sterben musste.

Je genauer wir hinsehen desto mehr entpuppt sich Josef von Arimathäa als mutige Persönlichkeit. Er gehörte zum Hohen Rat. Dieses Gremium hatte Jesus der Gotteslästerung für schuldig erklärt und ihn zu Pilatus bringen lassen. Josef gehörte zu einer Minderheit in diesem Hohen Rat, die gegen dieses Urteil war, die sich aber nicht durchsetzen konnte. Er war nicht einverstanden mit dem Unrecht, das seinen Lauf nahm. Nach dem Tod von Jesus drückte er sein Missfallen an der Politik des Hohen Rates, dem er selbst angehörte, für seine Zeitgenossen und für die Nachwelt mit einer Geste aus, die mehr sagt als tausend Worte. Der Evangelist Matthäus präzisiert seine Schilderung noch, dass nämlich Josef den Leichnam von Jesus in sein eigenes Grab legen liess. Er bekennt Farbe durch sein Tun. Er bekennt sich zu Jesus, dem Gekreuzigten.

Wer war dieser Josef, den wir hier an einer entscheidenden Stelle der Passionsgeschichte treffen? Eigentlich wissen wir wenig über ihn. Matthäus beschreibt ihn als reich. Er stammte aus der judäischen Stadt Arimathäa. Das Markusevangelium berichtet, dass er ein hoch geachtetes Mitglied des Hohen Rates war. Dieser Rat war zur Zeit Jesu das höchste politische und religiöse Gremium des Judentums. Trotz aller Achtung musste Josef in dieser wichtigen Angelegenheit erfahren, dass man ihn und seine Überzeugung überging. Das Johannesevangelium redet zusätzlich davon, dass er ein heimlicher Jünger von Jesus war. Doch jetzt ist seine Stunde gekommen. Alle Heimlichkeit ist nun zu Ende. Er findet den Mut zur Eindeutigkeit und stellt sich zu Jesus, dem Gekreuzigten. Sein Tun wird zu seinem Bekenntnis.

Liebe Mitchristen,

Heute ist Karfreitag! Heute denken wir mit unzähligen Christen weltweit an das, was Jesus für uns und für die ganze Welt getan hat. Wir sind eingeladen, das Kreuz von Jesus so in unser Leben aufzunehmen, dass wir beim Abendmahl ein Stück Brot essen und einen Schluck Wein trinken. Das, was am Karfreitag geschehen ist, ist das, was uns im Innersten speist und tränkt. Das, was Jesus am Kreuz getan hat, ist unsere Erlösung und Befreiung, ist unsere Hoffnung und Zuversicht, ist unsere Kraft zum Leben und zum Sterben.

Doch: Wagen wir es, Farbe zu bekennen? Wagen wir die eindeutige Tat, das eindeutige Wort, wenn unsere Stunde gekommen ist? Wagen wir es, uns im entscheidenden Moment zu diesem Jesus zu stellen wie es Josef getan hat? Wagen wir es zu sagen, dass wir trotz aller eigenen Unvollkommenheit dabei sind, ihm nachzufolgen und von ihm zu lernen – dass wir seine Jüngerinnen und Jünger sind?

Farbe bekennen! Manchmal sind Worte gefragt. Und manchmal sind Taten gefragt. Gott möchte uns durch seinen starken Geist leiten. Wir dürfen uns ihm anvertrauen für das treffende Wort und die mutige Tat – und das beides zur rechten Zeit. Josefs Tun hier spricht eine deutliche Sprache. Farbe bekennen! Der lebendige Gott will, dass wir durch Worte und Taten der Liebe bezeugen, dass es durch den Tod von Jesus am Kreuz Vergebung gibt für Schuld und Versagen, dass es Hoffnung gibt für Verzweifelte, dass es möglich ist, auch mitten im Leben neu anzufangen.

Auch das ist Karfreitag! Da steht einer auf und bekennt Farbe! Jesus spricht: Wer nun mich bekennt vor den Menschen, den will ich auch bekennen vor meinem himmlischen Vater. (Matthäus 10,32)

AMEN!

Er ist nicht hier!

Aber am ersten Tag der Woche sehr früh kamen sie zum Grab und trugen bei sich die wohlriechenden Öle, die sie bereitet hatten. Sie fanden aber den Stein weggewälzt von dem Grab und gingen hinein und fanden den Leib des Herrn Jesus nicht. Und als sie darüber bekümmert waren, siehe, da traten zu ihnen zwei Männer mit glänzenden Kleidern. Sie aber erschraken und neigten ihr Angesicht zur Erde. Da sprachen die zu ihnen: Was sucht ihr den Lebenden bei den Toten? Er ist nicht hier, er ist auferstanden. Gedenkt daran, wie er euch gesagt hat, als er noch in Galiläa war: Der Menschensohn muss überantwortet werden in die Hände der Sünder und gekreuzigt werden und am dritten Tage auferstehen. Und sie gedachten an seine Worte. Und sie gingen wieder weg vom Grab und verkündigten das alles den elf Jüngern und den andern allen. Es waren aber Maria von Magdala und Johanna und Maria, des Jakobus Mutter, und die andern mit ihnen; die sagten das den Aposteln. Und es erschienen ihnen diese Worte, als wär's Geschwätz, und sie glaubten ihnen nicht. Petrus aber stand auf und lief zum Grab und bückte sich hinein und sah nur die Leinentücher und ging davon und wunderte sich über das, was geschehen war. (Lukas 24,1-12)

Liebe Gemeinde!

Am Ostermorgen beginnt alles ganz normal. Die Geschichte nimmt ihren Lauf. Nach dem Tod folgt das Begräbnis. Und zum Begräbnis gehört das Einsalben des Leichnams. Und weil für das Einsalben vor dem Sabbat – dem jüdischen Feiertag – nicht mehr genug Zeit war und weil am Sabbat nicht gearbeitet werden durfte, mussten die Frauen eben am Tag danach zum Grab gehen. Alles hat seine Ordnung, auch eine Bestattung. Es gibt keine Überraschungen – oder etwa doch?

Plötzlich sieht für diese Frauen, die mit ihren Salben zum Felsengrab von Jesus gehen, alles anders aus. Sie treffen das Grab ganz anders an, als sie erwartet hatten. Drei Überraschungen brechen über die Frauen herein.

Die *erste* Überraschung: Der Stein vor dem Grab ist weggewälzt. Im Markusevangelium wird erzählt, wie sie sich unterwegs noch Gedanken darüber machten, wer ihnen den Stein wegrollen könnte. Dort wird auch angemerkt, dass der Stein sehr gross war. Dieser Stein sollte Unbefugten den Zutritt zum Felsengrab verwehren. So weit, so gut. Aber nun ist eben dieser schwere Stein, den man nicht einfach wegschiebt, bereits weggerollt. Wer war denn schon vor ihnen beim Grab? Und weshalb ist das Grab offen?

Die *zweite* Überraschung folgt und das Rätsel für die Frauen wird nicht kleiner - im Gegenteil: Alles wird mysteriöser! Der Leichnam ist weg. Sie kamen ja eben gerade erst an, um den Leichnam mit ihren eigens dafür zubereiteten Salben zu präparieren. Aber nun können sie die Salben gleich wieder einpacken. Es gibt hier nichts mehr einzusalben. Der Leichnam ist nicht mehr da. Was hat das zu bedeuten? Wer in aller Welt hat denn diesen Leichnam entfernt? Und weshalb? Lukas berichtet die Ratlosigkeit der Frauen. Was sollen sie denn nun bei diesem leeren Grab tun?

Als *dritte* Überraschung treten nun noch zwei Männer in hellen Kleidern auf den Plan, die den Frauen einen gehörigen Schrecken einjagen. Diese beiden Gestalten - allem Anschein nach zwei Engel – erklären den weggerollten Stein und das leere Grab. Die erste Meldung über die Auferstehung Jesu stammt von den Boten Gottes! Jesus ist auferstanden. Gott durchbricht die Ordnung des Todes, an die wir uns gewöhnt haben. Gott lässt den, der das Leben in seiner Fülle uns Menschen vorgelebt hat, nicht einfach im Tod. Das Leben von Jesus ist stärker als der Tod. Es lässt sich nicht vom Tod überwinden. Jesus besiegt den Tod von innen heraus.

Im Moment überfordert dies die Frauen. Immerhin werden sie daran erinnert, dass Jesus eigenartigerweise schon während seines Lebens Hinweise auf sein Sterben und auf seine Auferstehung gegeben hatte. Aber was sollen sie nun mit all dem tun? Sie sind ja nur Frauen. Das Zeugnis von Frauen war damals nicht rechtskräftig. Wenn etwas glaubwürdig bezeugt sein musste, bedurfte es zweier Männer. Es klingt für uns heute ungewohnt: Dadurch, dass Frauen die ersten Zeugen für die Auferstehung waren, war diese Botschaft für Männer nicht so leicht goutierbar. Die Reaktion der Jesus-Jünger auf die Meldung der Frauen fiel entsprechend aus: Ungläubiges Kopfschütteln.

Entpuppen sich hier die Jünger Jesu als Ungläubige? Ja, denn sie können diesem Bericht der Frauen einfach nicht glauben. Die Jünger werden in den Evangelien nicht als leichtgläubige und naive Leute geschildert, die spontan von der Auferstehung begeistert waren. Sie erscheinen eher als Skeptiker - als Zweifler, die sich erst durch eine Folge von Ereignissen und Erscheinungen des Auferstandenen überzeugen liessen. Bekannt ist ja auch die Geschichte vom Jünger Thomas. Er wollte zuerst die Wundmale Jesu berühren und sich persönlich überzeugen. Unser Bericht im Lukasevangelium schildert unseren Ohren auf ernüchternde Art und Weise: Aber die Jünger hielten es für leeres Gerede und wollten den Frauen nicht glauben.

Es ist auffallend! An entscheidenden Wegmarken der Geschichte Gottes mit dieser Welt treten Frauen auf. Das Neue Testament ist diesbezüglich reich an Beispielen. Die Geschichte Jesu beginnt ja mit einer Frau: mit Maria. Jesus hatte dann später auch verschiedene Frauen als Jüngerinnen dabei, was damals für einen Rabbi gänzlich unüblich war. Jesus adelte offensichtlich die Frauen. Und dann eben: Frauen sind die ersten Zeugen der Auferstehung. Dieses gewaltige Geschehen wurde zuallererst Frauen offenbart. Dann die erste christliche Gemeinde in Europa: Wieder beginnt alles mit einer Frau – der Purpurhändlerin Lydia. Und heute: Manchmal habe ich den Eindruck, es läuft nach dem gleichen Muster ab. Die Frauen gehen frisch voran – wo aber sind die Männer? In den letzten Jahren ist so manches entstanden: Frauentreffs, Frauengruppen, Frauenfrühstücke, Frauenvortragsnachmittage, Frauenforen, Frauengottesdienste, Frauensynoden. Doch wo sind die Männer? Die Beispiele liessen sich beliebig vermehren. Offensichtlich ist die Ostergeschichte auch eine ganz besondere Herausforderung für Männer, glaubensmässig nicht zurück zu bleiben.

Petrus entpuppt sich hier als einer von uns Männern. Offensichtlich hat auch er nicht geglaubt. Aber immerhin: Er prüft die Sachlage nach. Das allein ist schon löblich. Er möchte Fakten haben. Was tut er? Die Botschaft der Engel kann er nicht überprüfen. Aber immerhin: Er kann sich davon überzeugen, dass der Stein tatsächlich weggerollt ist. Er kann selber einen Augenschein nehmen, ob der Leichnam Jesu tatsächlich weg ist. Und genau das tut er. Petrus sprang auf und lief zum Grab. Er geht den Weg, um das nachzuprüfen, was er nachzuprüfen imstande ist. Dieses Nachprüfen wird hier und an anderen Stellen in der Bibel nicht schlechtgemacht. Es ist für Petrus der erste Schritt auf dem Weg, sich der Realität der Auferstehung Jesu zu stellen.

Ich wünsche mir mehr solche Männer: Männer, die nachprüfen. Wo sind sie? Männer, welche die Bibel mehr als nur flüchtig lesen. Männer, die der Botschaft des Evangeliums auf den Grund gehen. Männer, die Zeit und möglicherweise auch Geld einsetzen. Männer, die wissen und erfahren wollen, was es mit diesem Jesus auf sich hat. Männer, die sich mit ihrem Leben den radikalen und herausfordernden Aussagen Jesu stellen. Wo sind diese Männer?

Die Auferstehung von Jesus. Was bedeutet sie? Was ist der Sinn von Ostern? Was hat das mit dir und mit mir zu tun? Ich weiss nicht, wann Du das letzte Mal an einem Grab gestanden bist. In solchen Momenten kann uns folgende Frage umtreiben: Habe ich Hoffnung, die über das Grab, ja über den Tod hinausgeht?

Der Tod ist eine Macht – eine bittere Realität, der wir uns alle stellen müssen. Es schmerzt uns, Menschen, die wir lieben und mit denen wir unser Leben geteilt haben, los zu lassen. Es erinnert uns schmerzhaft an die Grenze, die unserem eigenen Leben gesetzt ist. Der Tod ist eine starke Macht. Ostern bedeutet: Hier ist einer, der noch stärker ist als diese gewaltige Macht des Todes. Hier ist der, der den Tod bezwungen und überwunden hat. Und wenn er sogar den Tod besiegt hat, welche Macht könnte sich ihm denn auf die Dauer ernsthaft in den Weg stellen?

Jesus hat mit seiner Auferstehung eine Lawine ausgelöst. Nicht eine Lawine der Zerstörung, sondern eine Lawine der Hoffnung. In dieser Auferstehung Jesu liegt Hoffnung – ein gewaltiger Reichtum an Hoffnung. Wir dürfen mit unserem eigenen Leben von dieser Hoffnung zehren. Wenn Jesus den Tod überwunden hat, weshalb sollte er dann nicht in der Lage sein, auch in unserem Leben die Mechanismen der Zerstörung und des Todes zu überwinden? Wenn Jesus auferstanden ist, dann gibt es keinen hoffnungslosen Fall mehr. Dann gibt es Hoffnung für einen jeden von uns, wie auch für jeden Menschen, dem wir begegnen. Dann gibt es Hoffnung auch für anscheinend ausweglose Situationen. Wer diesem Jesus, der den Tod überwunden hat, vertraut, der wird selber zu einem Menschen der Hoffnung. Wie dringend brauchen wir solche Menschen der Hoffnung! Menschen, welche die Kraft der Auferstehung kennen und sich deshalb nicht vom Geist der Hoffnungslosigkeit und der Resignation einschüchtern und erdrücken lassen! Mit der Auferstehung Jesu setzt der lebendige Gott ein deutliches Zeichen der Hoffnung. Wir dürfen darum mit vielen anderen Christen aus allen Zeiten und Ländern einstimmen in den Osterruf und damit den Grund unserer Hoffnung bekennen: Der Herr ist auferstanden. Er ist wahrhaftig auferstanden. Halleluja.

AMEN!

Wir aber hofften

Und siehe, zwei von ihnen gingen an demselben Tage in ein Dorf, das war von Jerusalem etwa zwei Wegstunden entfernt; dessen Name ist Emmaus. Und sie redeten miteinander von allen diesen Geschichten. Und es geschah, als sie so redeten und sich miteinander besprachen, da nahte sich Jesus selbst und ging mit ihnen. Aber ihre Augen wurden gehalten, dass sie ihn nicht erkannten. Er sprach aber zu ihnen: Was sind das für Dinge, die ihr miteinander verhandelt unterwegs? Da blieben sie traurig stehen. Und der eine, mit Namen Kleopas, antwortete und sprach zu ihm: Bist du der Einzige unter den Fremden in Jerusalem, der nicht weiß, was in diesen Tagen dort geschehen ist? Und er sprach zu ihnen: Was denn? Sie aber sprachen zu ihm: Das mit Jesus von Nazareth, der ein Prophet war, mächtig in Taten und Worten vor Gott und allem Volk; wie ihn unsere Hohenpriester und Oberen zur Todesstrafe überantwortet und gekreuzigt haben. Wir aber hofften, er sei es, der Israel erlösen werde. Und über das alles ist heute der dritte Tag, dass dies geschehen ist. Auch haben uns erschreckt einige Frauen aus unserer Mitte, die sind früh bei dem Grab gewesen, haben seinen Leib nicht gefunden, kommen und sagen, sie haben eine Erscheinung von Engeln gesehen, die sagen, er lebe. Und einige von uns gingen hin zum Grab und fanden's so, wie die Frauen sagten; aber ihn sahen sie nicht. Und er sprach zu ihnen: O ihr Toren, zu trägen Herzens, all dem zu glauben, was die Propheten geredet haben! Musste nicht Christus dies erleiden und in seine Herrlichkeit eingehen? Und er fing an bei Mose und allen Propheten und legte ihnen aus, was in der ganzen Schrift von ihm gesagt war. Und sie kamen nahe an das Dorf, wo sie hingingen. Und er stellte sich, als wollte er weitergehen. Und sie nötigten ihn und sprachen: Bleibe bei uns; denn es will Abend werden und der Tag hat sich geneigt. Und er ging hinein, bei ihnen zu bleiben. Und es geschah, als er mit ihnen zu Tisch saß, nahm er das Brot, dankte, brach's und gab's ihnen. Da wurden ihre Augen geöffnet und sie erkannten ihn. Und er verschwand vor ihnen. Und sie sprachen untereinander: Brannte nicht unser Herz in uns, als er mit uns redete auf dem Wege und uns die Schrift öffnete? Und sie standen auf zu derselben Stunde, kehrten zurück nach Jerusalem und fanden die Elf versammelt und die bei ihnen waren; die sprachen: Der Herr ist wahrhaftig auferstanden und Simon erschienen. Und sie erzählten ihnen, was auf dem Wege geschehen war und wie er von ihnen erkannt wurde, als er das Brot brach. (Lukas 24,13-35)

Liebe Gemeinde,

... zwei von ihnen ...

Zwei sind unterwegs. Unterwegs zu Fuss. Unterwegs von Jerusalem nach Emmaus. Etwas mehr als zehn Kilometer Weg sind das. Mit normalem Tempo in zwei Stunden zu bewältigen. Zwei Jünger von Jesus unterwegs. Zwei, die die Welt nicht mehr verstehen. Zwei, die das

Kreuz von Jesus nicht verstehen. Ist jetzt alles aus? Haben wir uns so getäuscht? Müssen wir unsere Hoffnung auf ihn endgültig begraben?

So sind sie unterwegs – diese zwei. Sie haben viel zu diskutieren. Sie reden über die letzten Tage. Über das harte Todesurteil. Über die unsäglichen Schmerzen und Schläge. Über den Weg ans Kreuz. Über das Sterben des Gekreuzigten.

Gut, dass sie zu zweit sind. Denn Zweierschaft ist die elementarste Form der Gemeinschaft. Und Jesus, als er noch lebte, hat seine Jünger ja nicht allein auf den Weg geschickt, sondern eben zu zweit. So sind sie unterwegs nach Hause, nach Emmaus. Weg von Jerusalem. Weg vom Ort der enttäuschten Hoffnung. Weg vom Ort des Todes. Weg vom Kreuz.

Da nahte sich Jesus selbst und ging mit ihnen ...
Die zwei bekommen Gesellschaft. Ein unbekannter Fremder stösst zu ihnen und geht mit ihnen nach Emmaus. Ein Tourist? Ein Festpilger? Seltsam: anscheinend weiss er gar nicht, was sich da eben in Jerusalem abgespielt hat.

Doch wir hören es: Das ist gar kein Unbekannter und kein Fremder, der dazukommt. Es ist Jesus selbst. Warum merken diese zwei Jünger das nicht? Warum erkennen sie ihn nicht?

Vielleicht geht es ihnen wie uns manchmal auch. Wir sind zu beschäftigt oder zu vertieft oder zu traurig oder zu enttäuscht, dass wir etwas Entscheidendes gar nicht mitbekommen, einen Bekannten nicht erkennen.

In dieser Erzählung erfüllt sich genau das, was Jesus noch zu seinen Lebzeiten seinen Nachfolgern verheissen hat: Wo zwei oder drei versammelt sind in meinem Namen, da bin ich mitten unter ihnen. (Mt. 18,20)

Wir aber hofften ...
Die zwei haben gehofft, aber ihre Hoffnung hat sich zerschlagen. Das teilen sie mit uns. Auch wir haben schon oft gehofft und wurden dann enttäuscht. Gehofft auf eine gute Note. Gehofft auf Erfolg. Gehofft auf eine neue Stelle. Gehofft auf schnelle Genesung. Gehofft auf den grossen Traum. Gehofft auf einen Traum-Partner. Gehofft, dass die Kinder gut geraten. Und dann – wie hier – erleidet die Hoffnung Schiffbruch. Sie erfüllt sich nicht. Sie zerbricht.

Ihre enttäuschte Hoffnung erzählen sie frisch drauflos – dem unbekannten Fremden, der eben Jesus ist. Und er hört zu. Er stellt Fragen. Er spürt ihren Schmerz.

Mußte nicht Christus dies erleiden und in seine Herrlichkeit eingehen?
Ein erster Hammer! Dieser Satz stellt die Welt der beiden vollends auf den Kopf. Der Befreier des Gottesvolks, der Gesalbte Gottes, der Erlöser der Welt nimmt die Macht an sich, befreit das Land von den römischen Besetzern und herrscht dann wie damals der grosse König David. Doch nun haben sie seine Schmerzen, sein Leiden, seine Ohnmacht, seinen Tod gesehen – dort am Kreuz. Das zerstört ihren Traum.

Doch ihr Begleiter öffnet ihren Gedanken eine Tür: Leiden und Herrlichkeit gehören zusammen. Sterben und ewiges Leben gehören zusammen. Kreuz und Auferstehung gehören zusammen. Karfreitag und Ostern gehören zusammen. Gott geht nicht an unseren Schmerzen, an unserem Leiden, an unserer Ohnmacht, an unserer Krankheit, an unserem Tod vorbei – sondern er geht genau da mitten hinein. Jesus, der Gesalbte von Gott, der Christus, musste genau diesen Weg gehen. Das war kein Unfall – das war der Wille Gottes.

Uns die Schrift öffnete ...
Ihr Begleiter öffnet den Blick für die grossen Zusammenhänge. Er legt ihnen die Heilige Schrift aus. Er entfaltet Passagen, die zeigen, dass Gottes Bote, Gottes Knecht, Gottes Sohn seinen Weg ins Leiden hinein geht und durchs Leiden hindurch geht. Wenn wir einen Weg des Leidens gehen, dann sind wir auf diesem Weg nicht allein. Der Gekreuzigte und Auferstandene ist diesen Weg vor uns gegangen.

Da wäre ich gerne dabei gewesen – bei dieser Bibelauslegung von Jesus selbst, obwohl sie ihn ja noch immer nicht erkennen. Was hat er wohl ausgelegt? Den 22. Psalm? (Mein Gott, mein Gott, warum hast Du mich verlassen.) Oder vielleicht Jesaja mit seinen Passagen über den leidenden Gottesknecht? (Jesaja 53: Fürwahr, er trug unsere Krankheit und lud auf sich unsere Schmerzen). Spannend. Plötzlich wird die Bibel aktuell, lebendig, konkret. Exegese live…! Plötzlich reden diese alten Worte direkt ins Leben hinein, geben Licht, erlauben Tiefgang, schliessen Welten auf. Der Gekreuzigte und Auferstandene öffnet die Schrift. Wo er aufschliesst, ist die Bibel kein Buch mit sieben Siegeln mehr, sondern ein geöffnetes Buch.

Nahm er das Brot, dankte, brach's und gab's ihnen ...
Woran erkennen sie Jesus, den Gekreuzigten und Auferstandenen? Sie erkennen ihn, als er das Brot bricht. Das ist ja wie bei den gemeinsamen Essen von Jesus und seinen Jüngern mit Zöllnern und anderen Randständigen der Gesellschaft. Das ist ja wie bei den mysteriösen Speisungen von grossen Menschenmengen. Das ist ja wie beim letzten Abendmahl. Das ist ja ER! Erst jetzt wird ihnen klar, wer da mit ihnen am Tisch sitzt. Erst jetzt wird ihnen klar, wer ihnen da die Bibel aufgeschlossen hat. Erst jetzt wird ihnen klar, weshalb es in ihrem Herzen

warm und hell wurde, als er mit ihnen redete. Erst jetzt wird ihnen klar, dass der Tod von Jesus nicht das Ende war, sondern der Anfang von etwas ganz Neuem in dieser Welt.

Und sie erzählten ihnen, was geschehen war ...
Wer dem Auferstandenen begegnet ist, der kann nicht schweigen. Die zwei kehren sofort um, gehen wieder zurück nach Jerusalem. Sie müssen den anderen davon erzählen. Alles erscheint in neuem Licht seit dieser Begegnung. Der Gekreuzigte lebt. Der Tod ist nicht das Letzte. Der auferstandene Jesus gibt ihnen die Hoffnung zurück, den Glauben zurück, die Liebe zurück. Er hat ein Feuer in ihrem Inneren angezündet. Wärme und Licht sind da. So stimmen sie ein in den Chor der Jünger und in den Chor unzähliger Menschen in der Nachfolge des Gekreuzigten und Auferstandenen seither – stimmen wir mit ein?

Der Herr ist wahrhaftig auferstanden!

AMEN!

Nachwort von Elias Ramstein

Als erstes möchte ich Papa ganz fest danken, dass er mich für das Nachwort in Betracht gezogen hat. Papa kann Situationen sehr genau und verständlich analysieren. Keinen einzigen Satz lässt er unangetastet und er wählt auch sehr gerne Kapitel, über die nicht viel gepredigt wird - für ihn ist das geradezu eine Verlockung. In seinen genauen Analysen kommen auch Punkte zum Vorschein, die man sonst gerne überliest und sich überhaupt keine Gedanken darüber macht, da diese vielleicht eigene Glaubensgrundsätze in Frage stellen können.
Obwohl ich in mehreren Hinsichten nicht seiner Meinung bin, konnte ich viel von seinen Auslegungen profitieren, weil er sich sehr verständlich ausdrückt und für kompliziertere Texte anschauliche Beispiele zur Stelle hat.

Wie ihr alle wahrscheinlich wisst kann eine Stärke auch eine Schwäche sein. Papa bringt auch sehr vorsichtige Passagen in seinen Predigten. Seine in manchen Fällen feststellbare Neutralität hat damit zu tun, dass er andere Ansichten nicht verletzen möchte. Es ist für mich sehr spannend gewesen, dieses Buch zu lesen. Im Grossen und Ganzen empfehle ich es sehr weiter, obwohl ich nicht gerade eine Leseratte bin.

Die Frage, ob der Glaube wirklich ganz aus einem Menschen verschwinden kann, habe ich mir immer wieder gestellt. In der Predigt zu Lukas 22,32 argumentiert und interpretiert Papa überzeugend, wieso der Glaube an Gott aufhören kann. Die Predigt hat mich sehr überzeugt und ich möchte Papa danken, dass er sie mir gewidmet hat.

Herzliche Gratulation zu einem sehr gelungenen Buch Papa =)

Printed by Books on Demand GmbH, Norderstedt / Germany